新版

光に向かって 123のこころのタネ

高森顕徹

新版

光に向かって

123のこころのタネ

目次

第一部　若葉と光のしずくたち

目次

目次

第二部 海からの風物語

目次

＊本書は平成14年3月に刊行された
『光に向かって123のこころのタネ』の新版です。
発刊当時の表記をそのまま再現しています。

第一部

若葉と光のしずくたち

休《きゅう》暇《か》

伸《の》びるには縮《ちぢ》まねばならぬ

2 光に向かって

全人類《ぜんじんるい》の真相《しんそう》

先祖《せんぞ》は現存《げんそん》の全人類《ぜんじんるい》の相《すがた》。
先祖《せんぞ》のうち一人《ひとり》欠《か》けても、
現在《げんざい》の私《わたし》はなかった。

しばらくの縁《えん》

この世《よ》は皆《みな》、しばらくの縁《えん》である。
しばらくの間《あいだ》、夫《おっと》であり妻《つま》であり、
子供《こども》であり親《おや》なのだ。
そうと知《し》れば、一瞬《いっしゅん》一瞬《いっしゅん》の縁《えん》を
大切《たいせつ》にせずにおれなくなる。

4
光に向かって

〝ありがとう〟の言葉《ことば》

自分《じぶん》が一番《いちばん》苦労《くろう》していると、各自《かくじ》思《おも》っている。
他人《ひと》の幸《しあわ》せばかりが、目《め》につき腹《はら》が立《た》つ。
ホントは、一番《いちばん》のんびりしているのが私《わたし》。
みんなは、ギリギリ一杯《いっぱい》努力《どりょく》しているのだ。

これが事実《じじつ》と思《おも》えないから、〝おかげさまで〟と感謝《かんしゃ》できず、〝ありがとう〟の言葉《ことば》が出《で》ない。

真《しん》実《じつ》

明《あき》らかにしなければならぬのは真《しん》実《じつ》。
その他《た》の何《なに》ものでもない。

6
光に向かって

まいたタネ

遅《おそ》いか早《はや》いかの違《ちが》いだけである。
必《かなら》ず何処《いずこ》も真実《しんじつ》の輪《わ》は広《ひろ》がる。

慢心《うぬぼれ》

慢心《うぬぼれ》。失敗《しっぱい》の最大原因《さいだいげんいん》である。
地位《ちい》が上《あ》がり、金《かね》ができると人《ひと》を見下《みくだ》す。
〃実《みの》るほど　頭《あたま》の下《さ》がる　稲穂《いなほ》かな〃
地位《ちい》が高《たか》くなるほど、頭《あたま》が低《ひく》い。
金《かね》が恵《めぐ》まれるだけ〃稲穂《いなほ》〃にならねばならぬ。

ウヌボレるなよウヌボレるなよと、
どれだけ自戒《じかい》しても過《す》ぎることはない。

8
光に
向かって

明日《あす》のことを今日《きょう》する

今日《きょう》のことは今日《きょう》済《す》ませよといわれるが、
明日《あす》のことを今日《きょう》するよう心《こころ》がけねばならぬ。
臨終《りんじゅう》になって、あわてても手遅《ておく》れである。

9
光に向かって

食《た》べる意味《いみ》

〝食《しょく》〟の字《じ》は、〝人《ひと》〟が〝良《よ》〟くなるためと書《か》く。
生《い》きているかぎり、一寸《いっすん》でも向上《こうじょう》しなければ
食《た》べる意味《いみ》がない。

10
光に向かって

難《むずか》しいのは

難《むずか》しいのは〝捨《す》てる〟ことである

根源的矛盾《こんげんてきむじゅん》

〝死《し》にたくない一杯《いっぱい》の我々《われわれ》が必《かなら》ず死《し》なねばならぬ〟
人間存在《にんげんそんざい》の最大《さいだい》の矛盾《むじゅん》。
世間《せけん》に矛盾《むじゅん》は色々《いろいろ》あるが、
　これに比《くら》べたら問題《もんだい》にならぬ。
この根源的矛盾《こんげんてきむじゅん》に人類《じんるい》は気《き》がつかない。

12
光に向かって

笑《にこ》やかな顔《かお》

夫《おっと》の成功《せいこう》不成功《ふせいこう》は
妻《つま》の笑《え》顔《がお》に大《おお》きく影響《えいきょう》される

13

光に向かって

いつでも己《おのれ》を磨《みが》く

苦《くる》しみは始終《しじゅう》やってくる。
だからいつでもどこでも自己《じこ》は磨《みが》ける。

14
光に向かって

欲《よく》にふり回《まわ》されず、自己《じこ》に逆《さか》らっていく

金持《かねも》ちにはペコペコする。
無《な》い人《ひと》は見下《みくだ》す。
この心《こころ》、大敵《たいてき》である。
大箱《おおばこ》一杯《いっぱい》くださった方《かた》にも礼状《れいじょう》は書《か》くが、
柿一個《かきいっこ》くだされた人《ひと》には、なお丁重《ていちょう》に書《か》く。

反省《はんせい》

15
光に向かって

失敗《しっぱい》も山《やま》ほどある。
それを生《い》かすも殺《ころ》すも、
深《ふか》い反省《はんせい》の有無《うむ》にかかっている。
眠《ねむ》れぬほどの、反省《はんせい》をしたい。

16
光に向かって

やめなさい

そりゃいかん。
他人《ひと》に迷惑《めいわく》かけるのは悪《あく》だ。

極悪人《ごくあくにん》

〝先祖《せんぞ》は偉《えら》かったから敬《うやま》え〟ではなく、
〝先祖《せんぞ》も一生造悪《いっしょうぞうあく》の極悪人《ごくあくにん》〟であった
ことを説《と》き明《あ》かしながら、
親《おや》の恩《おん》を説《と》くべし。

18 光に向かって

物品《ぶっぴん》を購入《こうにゅう》する時《とき》

あまり叩《たた》くなよ。
儲《もう》けさせてあげなさい。

こちらが得《とく》しても、
相手《あいて》の淋《さび》しい顔《かお》はイヤだから。
双方《そうほう》、喜《よろこ》ぶのでなければ。

19
光に
向かって

信《しん》ずる

真実《しんじつ》は言葉《ことば》では表《あらわ》せないが、
言葉《ことば》でしか伝《つた》えられない。

信《しん》ずる――の〝信《しん》〟は、
〝イ〟（ニンベン）に〝言《げん》〟と書《か》いて、
〝人《ひと》の言葉《ことば》を信《しん》ずる〟ということである。

20
光に向かって

ほんとうの味《あじ》

食《た》べたい時《とき》に食《た》べ、飲《の》みたい放題《ほうだい》では、
本当《ほんとう》の味《あじ》はわからない。
飢餓《きが》に初《はじ》めて食《た》べ物《もの》の美味《おい》しさがわかる。

焦《あせ》って焦《あせ》らず

21
光に向かって

因果《いんが》の道理《どうり》は宇宙《うちゅう》の真理《しんり》、
因《いん》と縁《えん》がそろわなかったら
結果《けっか》は現《あらわ》れないから、
それまで待《ま》つことが大切《たいせつ》。
焦《あせ》ってはならない。

22
光に向かって

佐渡《さど》オケサ

佐渡《さど》（浄土《じょうど》）
柏崎《かしわざき》（娑婆《しゃば》）
佐渡《さど》へ佐渡《さど》へと草木《くさき》もなびく
（無上仏《むじょうぶつ》が来《こ》いよ来《こ》いよと浄土《じょうど》へ十方衆生《じっぽうしゅじょう》を呼《よ》んでおられる）
佐渡《さど》は居《い》よいか住《す》みよいか
（浄土《じょうど》はいいところかどうだろうかと計《はか》らっている）
来《こ》いというたとてゆかりょか佐渡《さど》へ（いくら来《こ》いよと無上仏《むじょうぶつ》がおっしゃっても、なかなか浄土《じょうど》へはゆけない）
四十九里《しじゅうくり》（始終苦《しじゅうく》しみ）
佐渡《さど》は四十九里《しじゅうくり》波《なみ》の上《うえ》（浄土《じょうど》は苦《く》しみの海《うみ》の波《なみ》の上《うえ》にある）
佐渡《さど》と柏崎《かしわざき》は棹《さお》さしゃ届《とど》くよ（浄土《じょうど》は近《ちか》い、往《ゆ》き易《やす》いところ）
なぜに届《とど》かぬわが思《おも》い（浄土《じょうど》は近《ちか》く往《ゆ》き易《やす》いのになぜ往《ゆ》く人《ひと》がないのか。疑情《ぎじょう》一つが邪魔《じゃま》しているのだ）

最《もっと》も大《おお》きな結果《けっか》

一番《いちばん》苦労《くろう》する者《もの》は、最《もっと》も大《おお》きな結果《けっか》が得《え》られる。

24 光に向かって

如来《にょらい》からの休暇《きゅうか》

動《うご》けなくなれば仕方《しかた》がない。
倒《たお》れた時《とき》が如来《にょらい》から賜《たまわ》った休暇《きゅうか》である。

25

光に向かって

沈《しず》むな、浮《う》かぶな

一《ひと》つ叱《しか》られたら、
みんなダメだと落《お》ちこむ人《ひと》が多《おお》い。

一《ひと》つほめられると、
全部《ぜんぶ》よいように自惚《うぬぼ》れる人《ひと》も多《おお》い。

26 光に向かって

トンネルを掘《ほ》った人《ひと》たち

トンネルを掘《ほ》った人々《ひとびと》は、大変《たいへん》だったろうなあ。

我々《われわれ》は楽《らく》なもの。

スーッとトンネルを通《とお》るだけ。

よりおそろしい慢《うぬぼれ》

叱《しか》られて、〝もう二度《にど》と〟と思《おも》うよりも、
ほめられて〝よーし、今度《こんど》もまた!〟
と奮《ふる》い立《た》つことのほうが多《おお》いようだ。
ほめるほうが、〝だからよい〟と思《おも》うが、なぜか躊躇《ちゅうちょ》する。
よりおそろしい慢《うぬぼれ》の助長《じょちょう》を案《あん》ずるからである。
まだ叱《しか》るほうが無難《ぶなん》、といえよう。

28
光に向かって

立《た》ち向《む》かう

第三者《だいさんしゃ》になって〝自分《じぶん》〟と
〝苦《くる》しみ〟をながめてみる。
案外《あんがい》、大《たい》したことなかった、と思《おも》えるものだ。

一日《いちにち》生《い》きる

昨日《きのう》より、
一歩《いっぽ》でも半歩《はんぽ》でも進歩《しんぽ》向上《こうじょう》しなければ、
一日《いちにち》生《い》きたとは言《い》えない。

30
光に向かって

見《み》えないものへ

見《み》えるものを通《とお》して、
見《み》えないものを知《し》らねばならぬ。

31
光に向かって

気《き》がついたら

気《き》がついたらすぐだ

32
光に向かって

誤解《ごかい》が解《と》けたら

人生《じんせい》には、
いろいろ誤解《ごかい》されることがある。
誤解《ごかい》が解《と》けたら
一層《いっそう》、親密《しんみつ》な信頼《しんらい》が生《う》まれる。

33
光に向かって

苦《くる》しい道《みち》

何人《なんびと》も
踏《ふ》み入《い》れてない、
茨《いばら》の道《みち》を行《い》ってこそ光《ひか》る。

34
光に向かって

功《こう》を成《な》す

人《ひと》のやらぬ努力《どりょく》をせねば
成功《せいこう》はない

選《えら》び抜《ぬ》かれた最短《さいたん》の道《みち》

35
光に向かって

選《えら》び抜《ぬ》かれた最短《さいたん》の道《みち》が、
善知識方《ぜんぢしきがた》の
教《おし》えである。

36
光に向かって

よい縁《えん》を求《もと》め、よい縁《えん》を大切《たいせつ》に

ある金持《かねも》ちが、しみじみと語《かた》ったことがある。
〃金《かね》のやり場《ば》がない。道《みち》ゆく人《ひと》に配《くば》るわけにもいかぬ。
縁《えん》のない人《ひと》には、あげることもできない〃と。

縁《えん》があるのと、ないのとでは、大変《たいへん》な違《ちが》いだ。
縁《えん》がなければ、ケンカすることも、
仲良《なかよ》くすることもできない。

おねだり

37
光に向かって

相手《あいて》が楽《らく》に出《だ》せる程度《ていど》より、
ちょっぴり痛《いた》く感《かん》ずるほどがよい。
欲《ほ》しいものないかと聞《き》かれたら、
オーバーに喜《よろこ》ぶことが大切《たいせつ》。

〝大丈夫《だいじょうぶ》です。何《なに》もありません〟は
自損損他《じそんそんた》になるだけ。

38
光に向かって

欲《よく》こそ恐《おそ》ろしい

台風《たいふう》の豪雨《ごうう》で町中《まちじゅう》が水《みず》びたしになった。
全員《ぜんいん》が避難《ひなん》していた時《とき》のことである。
農家《のうか》の主人《しゅじん》が、家《いえ》に大事《だいじ》なものを置《お》いてきたことに
気《き》がついた。

矢《や》もたてもたまらず船《ふね》をこいで我《わ》が家《や》へ向《む》かった。
屋根《やね》だけ水面《すいめん》に出《で》ている家《いえ》にやっとたどり着《つ》き、
船《ふね》から移《うつ》ろうとした時《とき》、つるっとすべって
水《みず》に落《お》ち、溺《おぼ》れて死《し》んだ。

少《すこ》し待《ま》てばよかったのに、欲《よく》に殺《ころ》されたのである。

そうじで一番大切《いちばんたいせつ》なのは

そうじで一番大切《いちばんたいせつ》なのは雑巾《ぞうきん》洗《あら》い。

汚《きたな》い布《ぬの》でいくらふいても、
血《ち》で血《ち》を洗《あら》っているようなもの。

40 光に向かって

ここぞ

ここぞ、という時《とき》は、
思《おも》いっきり断行《だんこう》せねばならぬ。

〝ここぞ〟の的確《てきかく》な判断《はんだん》と決断《けつだん》が難《むずか》しい。

41
光に向かって

ものさし

礼儀《れいぎ》の基本《きほん》は相手《あいて》の立場《たちば》に立《た》つこと。

〝相手《あいて》に失礼《しつれい》になるかならぬか〟

これがものさしである。

42
光に向かって

難《むずか》しいのは

難《むずか》しいことを難《むずか》しく言《い》うのは易《やさ》しいが、
難《むずか》しいことを易《やさ》しく言《い》うのは難《むずか》しい。

なぜ

43
光に向かって

〝なぜ、

人間《にんげん》の命《いのち》は地《ち》球《きゅう》より重《おも》いのか〟

〝なぜ、

人間《にんげん》に生《う》まれたことを

喜《よろこ》ばねばならぬのか〟

〝なぜ、

親孝行《おやこうこう》しなければならぬのか〟

ハッキリ答《こた》えられるだろうか。

44
光に向かって

成功《せいこう》

皆《みな》が自分《じぶん》の任務《にんむ》を
しっかり果《は》たしてくれたからこそ、
成功《せいこう》できた。

疑《ぎ》問《もん》

45 光に向かって

真《しん》実《じつ》わかったら、

邪《じゃ》に必《かなら》ず疑《ぎ》問《もん》が湧《わ》く。

言《い》い難《にく》い

注意《ちゅうい》する時《とき》はある決断《けつだん》がいる。
サーッと言《い》えるものではない。
放《ほう》っておけば笑《わら》い者《もの》になって可哀《かわい》そうだし、
言《い》うと嫌《きら》われる。
常《つね》に名利《みょうり》の大山《たいせん》がジャマをするのだ。
妻《つま》であっても、子供《こども》であっても、それは同《おな》じである。

やれやれの時《とき》

47
光に向かって

やれやれと
思《おも》わせてもらうことがないから、
有《あ》り難《がた》い。

48
光に向かって

結婚《けっこん》して面《めん》くらわないために

スチュワーデスによっては
乗客《じょうきゃく》は誰《だれ》でも、自分《じぶん》の言《い》うとおりに
すると思《おも》っている。一種《いっしゅ》の優越感《ゆうえつかん》があるようだ。

たまに
ぶち壊《こわ》しておかないと、為《ため》にならない。
　結婚《けっこん》して面《めん》くらうだろう。

世《よ》の中《なか》は何《なに》ごとも、自分《じぶん》の思《おも》うとおりになるものでは
ないことを、知《し》っておかねばならぬ。

49
光に向かって

我《わ》が身《み》を滅《ほろ》ぼす

人間《にんげん》とは何《なん》と愚《おろ》かな者《もの》か。

頭《あたま》でわかっていても、
意地《いじ》や我慢《がまん》や名誉欲《めいよよく》、利益欲《りえきよく》やらで、
身《み》を滅《ほろ》ぼしてしまう。

50
光に
向かって

自因自果《じいんじか》

私《わたし》がタネをまいても、
皆《みな》さんに返《かえ》るのではないからなあ……。

自己《じこ》との戦《たたか》い

51
光に向かって

金《かね》があれば子供《こども》に何《なに》を与《あた》えてもよい
というものではない。

借金《しゃっきん》かかえて苦《くる》しくとも、
将来《しょうらい》を考《かんが》えて必要《ひつよう》な物《もの》なら
買《か》ってやるべきだ。

どんなに機嫌《きげん》が良《よ》い時《とき》も、
悪《わる》いことはビシッと叱《しか》る。

親《おや》の気分《きぶん》のままに子供《こども》をしつけては
ならない。

これも自己《じこ》との戦《たたか》いだ。

52
光に向かって

恋《こい》を失《うしな》った時《とき》

惚《ほ》れ切《き》っていた女性《じょせい》（男性《だんせい》）が、
他《ほか》の男《おとこ》（女《おんな》）のもとへ行《い》ったらどうする。

たいていは、ショックで元気《げんき》がなくなってしまう。
それではダメだ。向上《こうじょう》に努力《どりょく》する。
やっぱりあなたと結婚《けっこん》すればよかったと後悔《こうかい》するように。

53
光に向かって

できぬ理由《りゆう》

わかりやすい話《はなし》ができない理由《りゆう》。

●話《はな》す事《こと》が、充分《じゅうぶん》に理《り》解《かい》できていない。

●知《し》ってもらいたい!!の気《き》持《も》ちが、希《き》薄《はく》である。

●言《こと》葉《ば》の使《つか》い方《かた》、文《ぶん》章《しょう》の書《か》き方《かた》の研《けん》究《きゅう》不《ぶ》足《そく》。

54 光に向かって

ムダな努力《どりょく》

方向《ほうこう》を間違《まちが》えての努力《どりょく》はムダになる。
研究工夫《けんきゅうくふう》がまず第一《だいいち》、
正《ただ》しい方向《ほうこう》を定《さだ》めてからの
努力《どりょく》でなければならない。

それぞれの境界《きょうがい》で、値《あたい》が違《ちが》う

55 光に向かって

あれっ……サイフを忘《わす》れてきた。

〝大宇宙《だいうちゅう》の宝《たから》を持《も》っているのだ。何兆円《なんちょうえん》でも買《か》えない宝《たから》が身《み》についているのです〟と、いくら言《い》っても通用《つうよう》しない。

ソフトクリーム一個《いっこ》も買《か》えない。

56
光に向かって

平成《へいせい》
（平和《へいわ》に成《な》る）

〝平和《へいわ》が大嫌《だいきら》い〟と説《と》いている者《もの》が、
戦争《せんそう》を始《はじ》めるのではない。
世界《せかい》の歴史《れきし》を見《み》ると、平和《へいわ》を強《つよ》く叫《さけ》んでいた者《もの》が、
人殺《ひとごろ》ししたり戦争《せんそう》を起《お》こしている。

57
光に向かって

やさしさばかりでは

やさしさばかりでもいけないし、
きびしさばかりでもダメなのだ。

58 光に向かって

本当《ほんとう》にこれでよいのか？

〝本当《ほんとう》にこれでよいのか？〟
と疑《うたが》ってみる。
〝もっとよい方法《ほうほう》はないか？〟

59 光に向かって

子供《こども》を叱《しか》る時《とき》は

子供《こども》を叱《しか》る時《とき》は、自信《じしん》を持《も》って命《いのち》かけて叱《しか》らねばならない。生半可《なまはんか》な叱《しか》り方《かた》ならしないほうがよい。悪《わる》い子《こ》に育《そだ》てたら申《もう》し訳《わけ》がない。親《おや》の責任《せきにん》だと泣《な》いて叱《しか》るのだ。

60
光に向かって

台本《だいほん》にないこと

考《かんが》えたものよりも、
自然《しぜん》に動《うご》かされたものがよい。

道《みち》

どの道《みち》も、谷底《たにそこ》に何度《なんど》も突《つ》き落《お》とされ、
はい上《あ》がってこなければ身《み》につかない。
やさしく教《おし》えられるくらいでは、〝合点《がってん》〟に
とどまるのみ。

62
光に向かって

気《き》をつかう

相手《あいて》の心《こころ》の動《うご》きに

気《き》をつかってゆく

藤《ふじ》の花《はな》

〃下《さ》がるほど　人《ひと》の見《み》上《あ》ぐる　藤《ふじ》の花《はな》〃

頭《あたま》の低《ひく》い人《ひと》ほど仰《あお》がれる。
ために頭《あたま》を下《さ》げるのは卑《ひ》屈《くつ》で醜《みにく》い。

64
光に向かって

真実《しんじつ》の厳粛《げんしゅく》さ

〝真実《しんじつ》〟は、人間《にんげん》の考《かんが》えや都合《つごう》と関係《かんけい》ない。

思《おも》えるとか思《おも》えないとか、
驚《おどろ》くとか驚《おどろ》かないとか、
感《かん》ずるとか感《かん》じないとか、
こちらの都合《つごう》でどうにかなるものではないのだ。
ここに真実《しんじつ》の厳粛《げんしゅく》さがある。

休《やす》むのも

忍《にん》耐《たい》

負けている
人を弱しと
思うなよ
忍ぶ心の
強きゆえなり

66
光に向かって

秘《ひ》訣《けつ》

何事《なにごと》も

反省《はんせい》が大切《たいせつ》

宿縁《しゅくえん》だもの

この世《よ》だけのことと思《おも》っているから驚《おどろ》く。
過去《かこ》何億年《なんおくねん》も前《まえ》からの仏縁《ぶつえん》である。

68
光に向かって

無形《むけい》の宝《たから》

無形《むけい》の財《ざい》は、与《あた》えても減《へ》らぬどころか、
かえって増《ふ》えるから不思議《ふしぎ》。

最後《さいご》に笑《わら》うのは、
無形《むけい》の宝《たから》を持《も》っている心《こころ》の長者《ちょうじゃ》だ。

69
光に向かって

ひたすらタネをまく

いつ芽《め》が出《で》るか気《き》にせず、ひたすらタネをまけばよい。
まかずに、生《は》えてくることばかり考《かんが》えている者《もの》ばかり。

70
光に向かって

すばらしい実《み》

戦《たたか》いの最後《さいご》は自己《じこ》である。

肉体《にくたい》の鍛練《たんれん》と同《おな》じように魂《たましい》の鍛練《たんれん》は最《もっと》も苦《くる》しい。
それに耐《た》えて続《つづ》けて進《すす》む。
形《かたち》あるものは盗《ぬす》まれる。崩《くず》れる。壊《こわ》れる。消《き》えてしまう。
目《め》に見《み》えない魂《たましい》の宝《たから》は不滅《ふめつ》である。
苦《くる》しくても、それだけの甲斐《かい》がある。

すばらしい実《み》を結《むす》ぶのだ。

やまぬ風《かぜ》

71
光に向かって

無《む》常《じょう》の風《かぜ》、
やんだかな

第二部

海からの風物語

72

世の中、なんと不平等なことか

しかし、それぞれの役を演じて
舞台裏に戻れば、
人間なんの違いもない

私《わたし》たちの身体《からだ》は目《め》とか、鼻《はな》とか、口《くち》とか、耳《みみ》とか、手足《てあし》など、種々《しゅじゅ》の器官《きかん》が寄《よ》り集《あつ》まってできている。

どんなに手《て》が忙《いそが》しくても足《あし》は手伝《てつだ》わず、いかに目《め》の酷使《こくし》が続《つづ》いても耳《みみ》は手《て》伝《つだ》えない。

目《め》は目《め》、耳《みみ》は耳《みみ》の、それぞれの部署《ぶしょ》を守《まも》って働《はたら》いている。

それが一身《いっしん》の活動《かつどう》を円滑《えんかつ》にしているのだ。

もし、足《あし》の先《さき》に蚊《か》でも止《と》まれば、あれは足《あし》が食《く》われているのだからと、手《て》はジッとはしていない。

蚊《か》の止《と》まった位置《いち》を目《め》が確《たし》かめ、手《て》がピシャリと打《う》つ。

いったん緩急《かんきゅう》あれば一致協力《いっちきょうりょく》して、生命《いのち》を守《まも》るのである。


雨《あめ》は平等《びょうどう》に降《ふ》り注《そそ》ぐ。草《くさ》や木《き》の大小《だいしょう》によって差別《さべつ》はしない。だが受《う》ける草木《くさき》は、大《おお》きな木《き》は多量《たりょう》に、小《ちい》さな草《くさ》は少量《しょうりょう》を受《う》ける。

大《おお》きな木《き》も小《ちい》さな草《くさ》も、同《おな》じ雨量《うりょう》を受《う》けたらどうだろう。余分《よぶん》な水《みず》で枯《か》れる草木《くさき》もあろうし、水分不足《すいぶんぶそく》で枯死《こし》するものもあろう。

平等《びょうどう》に注《そそ》ぐ雨《あめ》を、不平等《ふびょうどう》に受《う》けて草木《くさき》が、平等《びょうどう》に生《い》きることができるのである。

それにしても世《よ》の中《なか》なんと不平等《ふびょうどう》なことか。

富豪《ふごう》の家《いえ》に生《う》まれる人《ひと》、貧家《ひんか》に生《せい》を受《う》ける人《ひと》、頭《あたま》の良《よ》い人《ひと》、そうでない人《ひと》、才能《さいのう》のある人《ひと》、少《すく》ない人《ひと》など千差万別《せんさばんべつ》だ。

高位高官《こういこうかん》となっていばっている者《もの》、出世街道《しゅっせかいどう》を突《つ》っ走《ぱし》っている人《ひと》、儲《もう》かった儲《もう》かったとせっせと銀行《ぎんこう》へ運《はこ》んでいる者《もの》、貧乏《びんぼう》や障害《しょうがい》で苦《くる》しんでいる人《ひと》、色欲《しきよく》の奴隷《どれい》となって道《みち》を誤《あやま》る者《もの》、権勢《けんせい》を誇《ほこ》っていたが全身不随《ぜんしんふずい》でじゃまもの扱《あつか》いにされている人《ひと》、結婚《けっこん》に失敗《しっぱい》して泣《な》いている人《ひと》、焼《や》け出《だ》され丸裸《まるはだか》になって途方《とほう》にくれている人《ひと》。

人生《じんせい》いろいろである。盛装《せいそう》した美人《びじん》がトイレに行《い》ったり、スーツを着《き》たビジネスマンが、外《そと》で用《よう》を足《た》していたりする姿《すがた》を見《み》ると、ちょっと変《へん》な気《き》がする。だがトイレに行《い》く者《もの》が盛装《せいそう》し、外《そと》で用《よう》を足《た》す者《もの》がスーツを着《き》ているだけではないかと知《し》ると、変《へん》に思《おも》うのが変《へん》なのだと気《き》がつく。

すべては人生劇場《じんせいげきじょう》の舞台《ぶたい》に上《あ》がって、それぞれの役《やく》を演《えん》じているにすぎないのだ。

役《やく》を済《す》ませて舞台裏《ぶたいうら》に戻《もど》れば、人間《にんげん》なんの違《ちが》いもないのである。

73

真の愛を見失っていないか

大学卒の立派な獅子に食い殺されている人の、いかに多いことか

三人《さんにん》の学者《がくしゃ》が外国《がいこく》まで研究《けんきゅう》に出《で》かけることになった。

一人《ひとり》の無学者《むがくしゃ》が同行《どうこう》を求《もと》めたので荷物係《にもつがかり》に許《ゆる》した。

山《やま》を越《こ》え、河《かわ》を渡《わた》り、砂漠《さばく》へでると獣《けもの》の骨《ほね》が四散《しさん》している。

「われわれの力《ちから》を試《ため》そうじゃないか」

と三人《さんにん》は、骨《ほね》を集《あつ》め工夫《くふう》をこらし組《く》み立《た》てはじめた。

「もしも、獣《けもの》が蘇《よみがえ》ったら食《く》われはしませんか」

と無学者《むがくしゃ》は心配《しんぱい》する。

「愚者《ぐしゃ》は、黙《だま》ってみておれ」

一喝《いっかつ》した学者《がくしゃ》たちは、組《く》み立《た》てた骨《ほね》に肉《にく》や皮《かわ》をつけると、たくましい獅子《しし》ができあがった。

無学者《むがくしゃ》は恐《おそ》れて木《き》に登《のぼ》って息《いき》を殺《ころ》して見守《みまも》っていた。

生気《せいき》を吹《ふ》き込《こ》まれた獅子《しし》は、目《め》をいからし牙《きば》をむいて、たちまち三人《さんにん》の学者《がくしゃ》を食《く》い殺《ころ》し何処《いずこ》かへ立《た》ち去《さ》った。


アメリカのハーバード大学《だいがく》で世界的権威《せかいてきけんい》の教授《きょうじゅ》、他《ほか》の仕事《しごと》が忙《いそが》しくて肝心《かんじん》の授業《じゅぎょう》にでる時間《じかん》がない。

そこでテープレコーダーに自分《じぶん》の講義《こうぎ》を吹《ふ》き込《こ》み、学生《がくせい》たちに週一度《しゅういちど》このテープを聞《き》いて勉強《べんきょう》するよう言《い》いつけた。
教授《きょうじゅ》がたまたま教室《きょうしつ》の外《そと》を通《とお》りかかって覗《のぞ》いてみると、中央《ちゅうおう》の机《つくえ》にテープレコーダーが回《まわ》っており、周囲《しゅうい》の椅子《いす》の上《うえ》に小型《こがた》テープレコーダーが数台《すうだい》置《お》かれていたという。

子供《こども》が学校《がっこう》から帰《かえ》ってくると、

「テストできた？　すぐに塾《じゅく》に行《い》かにゃダメよ」

と勉強勉強《べんきょうべんきょう》とせきたてる。

遺産《いさん》を売《う》り払《はら》って知育偏重《ちいくへんちょう》で作《つく》りあげた子供《こども》のために、家《いえ》も屋敷《やしき》も人手《ひとで》にわたり、叫喚地獄《きょうかんじごく》の親族会議《しんぞくかいぎ》が続《つづ》いている。

大学卒《だいがくそつ》の立派《りっぱ》な獅子《しし》に食《く》い殺《ころ》されている人《ひと》の、いかに多《おお》いことか。

子孫《しそん》に物質《ぶっしつ》を残《のこ》すは下等《かとう》。知育《ちいく》で終《お》わるは中等《ちゅうとう》。徳育《とくいく》をもって最上《さいじょう》とする。
世《よ》の親《おや》は真《しん》の愛《あい》を見失《みうしな》ってはなるまい。

74

どんなに気に食わぬ相手でも、「しばらくの間だけ」と思えば、懐かしくなる

泥棒に金を与えた名僧

明治三十三年《めいじさんじゅうさんねん》に没《ぼっ》した博多《はかた》の万行寺《まんぎょうじ》の住職《じゅうしょく》、七里恒順師《しちりごうじゅんし》は近代《きんだい》の名僧《めいそう》といわれる。

ある夜《よ》、師《し》の寝室《しんしつ》へ強盗《ごうとう》が押《お》し入《い》り短刀《たんとう》を突《つ》きつけ、「金《かね》を出《だ》せ」と迫《せま》った。

まじまじと自分《じぶん》を見《み》ている師《し》に、薄気味悪《うすきみわる》くなった泥棒《どろぼう》サン。

「早《はや》く出《だ》さぬと、殺《ころ》すぞ、殺《ころ》すぞ」

とうろたえる。

「金《かね》は、床《とこ》の間《ま》の文庫《ぶんこ》の中《なか》にある」

静《しず》かに師《し》が答《こた》えると、文庫《ぶんこ》をかかえて慌《あわ》てて立《た》ち去《さ》ろうとした。

「待《ま》ちなさい」

「何《なに》か、用《よう》か」

睨《にら》みつける犯人《はんにん》に、おだやかに師《し》は言《い》っている。

「実《じつ》はその金《かね》はのう、仏《ほとけ》さまからのお預《あず》かりものなんだ。本堂《ほんどう》へ行《い》って、一《ひと》言《こと》お礼《れい》を言《い》ってから帰《かえ》りなされや」

威徳《いとく》に打《う》たれたのであろう。泥棒《どろぼう》は素直《すなお》に本堂《ほんどう》へ行《ゆ》き、頭《あたま》を下《さ》げて帰《かえ》っていった。

やがて師《し》に、警察《けいさつ》から呼《よ》び出《だ》しがあった。

あの犯人《はんにん》が捕《と》らえられたのである。

「金品《きんぴん》を盗《と》られたのなら、すぐに届《とど》けてくださらないと困《こま》ります」

「いや、私《わたし》は盗《と》られた覚《おぼ》えはありませんが……」

「貴僧《きそう》はそう言《い》われても、犯人《はんにん》がハッキリと白状《はくじょう》しているのですから」

「それは何《なに》かの間違《まちが》いでしょう。確《たし》かにある晩《ばん》、金《かね》がほしいと言《い》ってやってきた者《もの》はいた。

だが、その人《ひと》には仏《ほとけ》さまにお礼《れい》を言《い》って帰《かえ》りなさいと、与《あた》えはしたが盗《と》られたのではない」

いかめしい警官《けいかん》と、さわやかな問答《もんどう》が交《か》わされたという。

刑《けい》を終《お》えて出所《しゅっしょ》すると聞《き》いた師《し》は、

「因縁《いんねん》のある男《おとこ》だ。私《わたし》の寺《てら》に会計係《かいけいがかり》がいない。ちょうどよい、働《はたら》いてもらおうか」

と身受《みう》けしている。

感激《かんげき》した彼《かれ》は立派《りっぱ》に更生《こうせい》し、生涯一度《しょうがいいちど》のミスも犯《おか》さなかったといわれる。

何十億《なんじゅうおく》の人間《にんげん》のなかで親子《おやこ》・兄弟《きょうだい》・夫婦《ふうふ》・朋友《ほうゆう》となるのは、よほど深《ふか》い因縁《いんねん》があったからに違《ちが》いない。

処々方々《しょしょほうぼう》から集《あつ》まって、同《おな》じ舟《ふね》に乗《の》り合《あ》わせて進《すす》んでいるが、岸《きし》に着《つ》いたら思《おも》い思《おも》いに散《ち》っていく。

一本《いっぽん》の木《き》に多《おお》くの鳥《とり》が安《やす》らいでいても、夜《よ》が明《あ》ければ、それぞれが餌《えさ》を求《もと》めて飛《と》び去《さ》ってゆくのだ。

向《む》こう岸《ぎし》に着《つ》くまで、一夜《いちや》の間《あいだ》だけと知《し》らされれば、どんなに気《き》に食《く》わぬ相手《あいて》でも懐《なつ》かしくもなるだろう。

75

誠実に暮らしていても、あらぬウワサや中傷に、悩み苦しみ腹立つことがある

酒屋の娘をはらませた禅僧

江戸時代《えどじだい》、白隠《はくいん》という禅僧《ぜんそう》がいた。

門前《もんぜん》の酒屋《さかや》の器量《きりょう》で評判《ひょうばん》の娘《むすめ》が、未婚《みこん》なのに孕《はら》んだのである。

目《め》だつにつれて悪事千里《あくじせんり》、噂《うわさ》はたちまち世間《せけん》に広《ひろ》まり父親《ちちおや》は強《つよ》く娘《むすめ》を責《せ》めた。

本当《ほんとう》の事《こと》を告白《こくはく》すれば大変《たいへん》と思《おも》った娘《むすめ》は、生《い》き仏《ぼとけ》といわれている白隠《はくいん》さん

の御子《みこ》だと言《い》えば、事《こと》は穏便《おんびん》に収《おさ》まるだろうと、苦《くる》し紛《まぎ》れにそっと母親《ははおや》に打《う》ち明《あ》けた。

「実《じつ》は、白隠《はくいん》さんのお種《たね》です」

それを聞《き》いて激怒《げきど》した父親《ちちおや》は、早速《さっそく》、土足《どそく》のままで寺《てら》へ踏《ふ》み込《こ》んだ。

「和尚《おしょう》いるか」

と面会《めんかい》を強要《きょうよう》し、悪口雑言《あっこうぞうごん》の限《かぎ》りを尽《つ》くしても腹立《はらだ》ちは収《おさ》まらず、生《う》まれてくる子供《こども》の養育費《よういくひ》を催促《さいそく》した。

さすが白隠《はくいん》。

「ああ、そうであったか」

と言《い》いながら若干《じゃっかん》の養育費《よういくひ》を渡《わた》した。

まさかとそれまで信《しん》じていた人《ひと》たちも、やっぱりニセ坊主《ぼうず》であったかと、噂《うわさ》はパッと世間《せけん》に広《ひろ》まる。

聞《き》くに堪《た》えない世間《せけん》の罵詈讒謗《ばりざんぼう》にも、

「誹《そし》る者《もの》をして誹《そし》らしめよ、言《い》う者《もの》をして言《い》わしめよ。言《い》うことは他《た》のことである。受《う》ける受《う》けざるは我《われ》のことである」

と白隠《はくいん》は少《すこ》しも心《こころ》にとどめない。

思《おも》いもよらぬ反響《はんきょう》に苦《くる》しんだ酒屋《さかや》の娘《むすめ》は、ついに真実《しんじつ》を親《おや》に白状《はくじょう》せずにおれなくなった。

真相《しんそう》を知《し》った親《おや》は二度《にど》びっくり。

早速《さっそく》、娘《むすめ》を連《つ》れて寺《てら》へ行《ゆ》き平身低頭《へいしんていとう》、土下座《どげざ》して重《かさ》ね重《がさ》ねの無礼《ぶれい》をわびた。

「ああ、そうであったか」

その時《とき》もそう言《い》ってうなずいただけという。

誠実安穏《せいじつあんのん》に暮《く》らしていても時《とき》として、あらぬウワサや中傷《ちゅうしょう》に驚《おどろ》き、悩《なや》み苦《くる》しみ腹立《はらだ》つことがある。

しかし、やがて時《とき》の流《なが》れが洗《あら》い出《だ》す事実《じじつ》は、名人《めいじん》の打《う》つ太鼓《たいこ》のように遠《とお》く世《よ》に響《ひび》くのである。

「過去《かこ》にも、今《いま》にも、未来《みらい》にも
皆《みな》にて謗《そし》る人《ひと》もなく
皆《みな》にて褒《ほ》むる人《ひと》もなし」（法句経《ほっくきょう》）

76

人生には時として、一度に災難が降りそそぐ 一つ一つ誠心誠意、対応してゆけば、 思わぬ道が開けてくる

剣豪・千葉周作の必勝法

剣豪《けんごう》として、幕末《ばくまつ》にその名《な》を轟《とどろ》かせていた千葉周作《ちばしゅうさく》は、

「少《すこ》し剣術《けんじゅつ》の心得《こころえ》のある三人《さんにん》に囲《かこ》まれたら、絶対《ぜったい》に勝《か》てない」

と言《い》っている。

一人《ひとり》の剣客《けんきゃく》が一度《いちど》に何十人《なんじゅうにん》も斬《き》るというのは、講談《こうだん》やテレビのうえでのフィクションである。

では、三人《さんにん》以上《いじょう》に囲《かこ》まれたらどうするか。

「逃《に》げるしかない」と周作《しゅうさく》は言《い》う。逃《に》げて逃《に》げて、逃《に》げまくるのだ。そして相手《あいて》との距離《きょり》が取《と》れたら、振《ふ》り返《かえ》って先頭《せんとう》の一人《ひとり》を斬《き》る。そこでさらに逃《に》げ、また振《ふ》り向《む》いて一人《ひとり》を斬《き》る。

それを繰《く》り返《かえ》しているうちに、後《あと》の者《もの》は逃《に》げだしてしまう、というのである。

人生《じんせい》には時《とき》として、一度《いちど》に災難《さいなん》が降《ふ》りそそぐ。

地震《じしん》、台風《たいふう》、噴火《ふんか》、洪水《こうずい》などの自然災害《しぜんさいがい》に、築《きず》いてきた一切《いっさい》を失《うしな》い、途方《とほう》に暮《く》れる。

病気《びょうき》や交通事故《こうつうじこ》、愛《あい》する人《ひと》との死別《しべつ》や生《い》き別《わか》れ、老《お》いの不安《ふあん》や子供《こども》の心配《しんぱい》、人間関係《にんげんかんけい》のこじれなど、生《い》きる光《ひかり》を失《うしな》い涙《なみだ》の海《うみ》に沈《しず》むこともある。

なぜ病気《びょうき》がちなのか、どうして災難《さいなん》が続《つづ》くのか、なぜ出世《しゅっせ》できぬのか、自《じ》分《ぶん》だけが不幸《ふこう》の問屋《とんや》のように思《おも》えて、すべてを投《な》げだして何処《どこ》かへ逃《に》げだしたくなる。

ノドが渇《かわ》いて水《みず》を探《さが》していた愚《おろ》かな男《おとこ》が、清流《せいりゅう》の豊《ゆた》かな川《かわ》を発見《はっけん》しながら一向《いっこう》に飲《の》もうとしない。

「なぜ飲《の》まぬのか」

と尋《たず》ねると、

「飲《の》みたいのはやまやまだが水量《すいりょう》が多《おお》すぎて、とても飲《の》み干《ほ》すことはできないので、困《こま》っているのだ」

と言《い》ったので、みんな大笑《おおわら》いしたという。

川《かわ》の水《みず》を飲《の》み干《ほ》すことができずとも、ノドの渇《かわ》きは癒《いや》せるように、一切《いっさい》は自分《じぶん》の蒔《ま》いたもの、蒔《ま》かぬタネは生《は》えぬと反省《はんせい》し、一《ひと》つ一《ひと》つ誠心誠意《せいしんせいい》、できることから着実《ちゃくじつ》に対応《たいおう》してゆけば、思《おも》わぬ道《みち》が開《ひら》けてくるものである。

77

小を軽視する者は、大を失う

青年たちの未来に、ジェームス・ヒル社長が訴えたこと

大北鉄道会社《だいほくてつどうがいしゃ》の社長《しゃちょう》ジェームス・ヒルが、ある時《とき》ワシントン州《しゅう》の一等旅館《いっとうりょかん》シャトルホテルに投宿《とうしゅく》した。

〝夕刻《ゆうこく》、全従業員《ぜんじゅうぎょういん》は大広間《おおひろま》に集合《しゅうごう》せよ〟

支配人《しはいにん》の命令《めいれい》である。

今《いま》をときめく大会社《だいがいしゃ》の成金社長《なりきんしゃちょう》のこと、どんなにチップをはずむことかと、

みんな胸《むね》ふくらませていた。

やがてヒルは笑顔《えがお》で現《あらわ》れ、

「私《わたし》は本日《ほんじつ》、当《とう》ホテルにお世話《せわ》になります。初《はじ》めてお目《め》にかかる皆様《みなさま》に、何《なに》か差《さ》し上《あ》げたいと思《おも》いましたが、あいにく持《も》ち合《あ》わせがありません。ほんの印《しるし》だがこの度《たび》は、これを受《う》け取《と》って貰《もら》いたい。二週間後《にしゅうかんご》にもう一度《いちど》参《まい》りますから、それまで大切《たいせつ》に保管《ほかん》していてください」。

こう言《い》って五十《ごじっ》セントの白銅貨《はくどうか》を一個《いっこ》ずつ従業員《じゅうぎょういん》の全《すべ》てに渡《わた》した。

期待《きたい》が大《おお》きかったので失望《しつぼう》も大《おお》きかったのだろう。

ボーイたちは嘲《あざけ》るやら怒《おこ》るやら、短気《たんき》な者《もの》は窓《まど》から投《な》げ捨《す》てる始末《しまつ》。ほとんどの者《もの》はタバコ銭《せん》や湯銭《ゆせん》にその日《ひ》のうちに費《つい》やした。

約束《やくそく》どおり二週間後《にしゅうかんご》に来館《らいかん》したヒル社長《しゃちょう》は、また百人余《ひゃくにんあま》りの従業員《じゅうぎょういん》を大広《おおひろ》間《ま》に集《あつ》めて、こう言《い》った。

「過日《かじつ》お渡《わた》しした白銅貨《はくどうか》をお持《も》ちの方《かた》は申《もう》し出《で》てください。五《ご》ドル金貨《きんか》と引《ひ》き換《か》えてあげましょう」

忠実《ちゅうじつ》にヒルの言葉《ことば》を守《まも》っていた一人《ひとり》の青年《せいねん》が白銅貨《はくどうか》を渡《わた》すと、表裏《ひょうり》を確《たし》かめたヒル社長《しゃちょう》は五《ご》ドル金貨《きんか》を手渡《てわた》した。

顔《かお》を見合《みあ》わせて二《に》、三《さん》の青年《せいねん》が、自分《じぶん》の財布《さいふ》の中《なか》の白銅貨《はくどうか》を差《さ》し出《だ》すとヒルは、

「私《わたし》の差《さ》し上《あ》げたものには印《しるし》がしてあります。これにはその印《しるし》がありません。ほかに先日《せんじつ》差《さ》し上《あ》げた白銅貨《はくどうか》をお持《も》ちの方《かた》はありませんか。どうぞ、ご遠慮《えんりょ》なく」。

誰《だれ》もがしかし、ヒルから貰《もら》った白銅貨《はくどうか》を提出《ていしゅつ》する者《もの》はいなかったという。

〃小《しょう》を軽視《けいし》するものは、大《だい》を失《うしな》う〃

青年《せいねん》たちの未来《みらい》に、ヒル社長《しゃちょう》が訴《うった》えたかったことであろう。

78

「いかほど顔や姿が美しくとも、心の汚れている者は醜い……」

玉耶姫《ぎょくやひめ》を、優しく諭される釈迦

かのインドの有名《ゆうめい》な祇園精舎《ぎおんしょうじゃ》の建立者《こんりゅうしゃ》、給孤独長者《ぎっこどくちょうじゃ》がひとり息子《むすこ》に嫁《よめ》を迎《むか》えた。

世《よ》にも美《うつく》しい姫《ひめ》なので玉耶《ぎょくや》といわれる。

ところがこの玉耶姫《ぎょくやひめ》、あまりの美貌《びぼう》に自惚《うぬぼ》れて〝嫁《とつ》いでやった〟の意識《いしき》が強《つよ》く、夫《おっと》や両親《りょうしん》の言《い》うことはまったく聞《き》く耳《みみ》を持《も》たない。

困《こま》りはてた両親《りょうしん》たちは、〃なんとか嫁《よめ》の心《こころ》がけが良《よ》くなるように、お諭《さと》しを〃とかねて崇敬《すうけい》するお釈迦《しゃか》さまに、おすがりするしかなかった。

深《ふか》く同情《どうじょう》された釈迦《しゃか》は、早速早朝《さっそくそうちょう》、大勢《おおぜい》のお弟子《でし》を連《つ》れて長者《ちょうじゃ》の屋敷《やしき》へおもむかれた。

一同《いちどう》が恭《うやうや》しくお迎《むか》えしているにもかかわらず、当《とう》の玉耶《ぎょくや》だけはヘソ曲《ま》げて、奥《おく》の部屋《へや》に身《み》を潜《ひそ》めて出《で》てこようとはしない。

一切《いっさい》をお見通《みとお》しの釈迦《しゃか》は、神通力《じんずうりき》で長者《ちょうじゃ》の屋敷《やしき》のすべてを透《す》き通《とお》るガラスの家《いえ》に変《か》えてしまわれる。

驚《おどろ》いたのは玉耶姫《ぎょくやひめ》。奥《おく》の部屋《へや》の押《お》し入《い》れの中《なか》なら分《わ》かるまいと思《おも》っていたのに、双方《そうほう》からありありと見《み》えては、もはや隠《かく》れてはおれない。

自《みずか》らとび出《だ》しひざまずいた玉耶《ぎょくや》に、お釈迦《しゃか》さまは優《やさ》しく諭《さと》される。

「玉耶姫《ぎょくやひめ》よ。いかほど顔《かお》や姿《すがた》が美《うつく》しくとも、心《こころ》の汚《けが》れている者《もの》は醜《みにく》いものである。

黒《くろ》い髪《かみ》もやがては白《しろ》くなり、真珠《しんじゅ》のような白《しろ》い歯《は》も段々《だんだん》と抜《ぬ》け落《お》ちてゆく。顔《かお》にはシワができ、手足《てあし》は次第《しだい》に不自由《ふじゆう》になってくる。

それだけではない。ひとたび無常《むじょう》の風《かぜ》に誘《さそ》われれば、二度《にど》と見《み》られぬ哀《あわ》れな姿《すがた》に変《か》わり果《は》てるのだ。そのような肉身《にくしん》に何《なん》の誇《ほこ》りがもてようか。

それよりも心《こころ》の美《うつく》しい女《おんな》になって、誰《だれ》からも慕《した》われることこそが大切《たいせつ》とは思《おも》わぬか」

続《つづ》いて世《よ》の、七種《しちしゅ》の婦人《ふじん》を例示《れいじ》して、

「そなたは、どのような女性《じょせい》になりたいか」

と問《と》われている。

心《こころ》から悔《く》い改《あらた》めた玉耶姫《ぎょくやひめ》は、後世《こうせい》、婦人《ふじん》の鑑《かがみ》と称賛《しょうさん》されるようになったのである。
一家和合《いっかわごう》の給孤独長者《ぎっこどくちょうじゃ》の家《いえ》が、ますます繁栄《はんえい》したことはいうまでもない。

79

ご恩をありがたく感謝する者は成功し、恩を当然と受け流す者は信用を失い、恩を仇《あだ》で返す者は身を滅ぼす

豊前の農夫と蛇の卵

豊前《ぶぜん》の農夫《のうふ》が畑仕事《はたけしごと》をしていると、ふと小《ちい》さな卵《たまご》を見《み》つけて思《おも》った。

「このままにしておけば、犬《いぬ》に食《く》われるか鳥《とり》にさらわれるだろう。家《いえ》へ帰《かえ》って孵化《ふか》してみよう」

昼《ひる》は日光《にっこう》にあて、夜《よる》は抱《だ》いて肌《はだ》で温《あたた》めた。

ところがやがて、小《ちい》さな蛇《へび》が生《う》まれてきた。

「蛇《へび》は執念深《しゅうねんぶか》いものとして嫌《きら》われるが、真心《まごころ》もって養《やしな》ってやれば、心《こころ》が通《つう》じないはずはなかろう」

と、農夫《のうふ》は育《そだ》てる決心《けっしん》をする。

巣《す》を作《つく》ったり軟《やわ》らかい餌《えさ》に気《き》を配《くば》ったり、至《いた》れり尽《つ》くせりの世話《せわ》をした。蛇《へび》は次第《しだい》に成長《せいちょう》し、ほぼ言葉《ことば》も理解《りかい》し、言《い》うとおりに行動《こうどう》する。そのうち主人《しゅじん》の足音《あしおと》をいち早《はや》く聞《き》き分《わ》けて、玄関《げんかん》に出迎《でむか》えるまでになった。

ある晩《ばん》、農夫《のうふ》が他家《たけ》でご馳走《ちそう》になり、ひどく酩酊《めいてい》して帰還《きかん》した。玄関《げんかん》に入《はい》ろうとすると、チカッ!と何《なに》か足《あし》に触《さわ》ったと同時《どうじ》に火《ひ》のような痛《いた》みが走《はし》った。見《み》れば例《れい》の蛇《へび》である。

「この恩知《おんし》らず奴《め》。卵《たまご》の時《とき》から育《そだ》ててやったのに……、オレにかみつくとは何事《なにごと》だ」

農夫《のうふ》は激怒《げきど》したが、やがて静《しず》かにつぶやく。

「よくよく考《かんが》えてみれば、どうやら悪《わる》いのはオレのほうらしい。おまえは何《い》時《つ》ものように迎《むか》えに出《で》てくれたのに、酒《さけ》のためとはいえ、おまえのことを忘《わす》れてイヤというほど踏《ふ》みつけてしまった。おまえは痛《いた》さに驚《おどろ》いて踏《ふ》んだ足《あし》に思《おも》いっきり噛《か》みついた。当然《とうぜん》だ。許《ゆる》してくれ」

と言《い》いながら農夫《のうふ》は、傷口《きずぐち》の手当《てあ》てをして床《とこ》についた。

翌朝《よくあさ》、いつものように蛇《へび》の巣《す》に行《い》ってみると姿《すがた》が見当《みあ》たらない。よくよく捜《さが》すと昨夜《さくや》主人《しゅじん》に噛《か》みついた所《ところ》へ行《い》って、我《われ》と我《わ》が身《み》にかみついて自害《じがい》していたという。

一年生《いちねんせい》の児童《じどう》を集《あつ》めて先生《せんせい》が、

「親《おや》の恩《おん》が分《わ》かる人《ひと》ありますか」

と尋《たず》ねると、オン鳥《どり》・メン鳥《どり》のことかと思《おも》って、

「親《おや》のオンはお父《とう》さんです。親《おや》のメンはお母《かあ》さんです」

と得意《とくい》そうに答《こた》えたというゴ時世《じせい》だが、恩《おん》を感《かん》ぜざる者《もの》は畜生《ちくしょう》に劣《おと》る。

ご恩《おん》をありがたく感謝《かんしゃ》する者《もの》は成功《せいこう》し、恩《おん》を当然《とうぜん》と受《う》け流《なが》す者《もの》は信用《しんよう》を失《うしな》い、恩《おん》を仇《あだ》で返《かえ》す者《もの》は身《み》を滅《ほろ》ぼすのである。

80

「断じてこの母を、ウソつきにしてはならないぞ」

貧しい家に生まれたガンベッタが、フランスの大政治家になるまで

貧《まず》しい食料品店《しょくりょうひんてん》の息子《むすこ》に生《う》まれたガンベッタが、フランスの大政治家《だいせいじか》になるまでの麗《うるわ》しき母子《おやこ》の物語《ものがたり》。

彼《かれ》は十五《じゅうご》、六歳《ろくさい》のとき、町《まち》の洋服屋《ようふくや》へ働《はたら》きにいかされたが半年《はんとし》もたたないで帰《かえ》ってきた。

短気《たんき》な父《ちち》は叱《しか》りとばして、店《みせ》の手伝《てつだ》いを言《い》いつける。沈《しず》んでいる我《わ》が子《こ》を

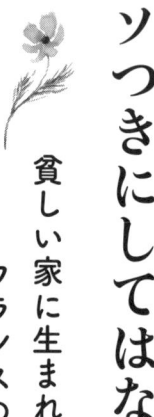

慈《いつく》しむ母《はは》は、静《しず》かにやめた理由《りゆう》を尋《たず》ねた。

「あの仕事《しごと》は、オレの気《き》に向《む》かんのです」

「では、どんなことがやりたいの」

「立派《りっぱ》な政治家《せいじか》になって、みんなを幸《しあわ》せにしたいのです」

「大《おお》きな望《のぞ》みをもっても、途中《とちゅう》でくじけてはなんにもなりませんよ」

「どんなに苦《くる》しくても、やりとげたいのです」

「それには、どれくらいお金《かね》がいるのかい」

「三百《さんびゃく》フランあればパリへ行《い》って職《しょく》を探《さが》し、必《かなら》ず志《こころざし》を遂《と》げます」

「おまえにさえ覚悟《かくご》があるのならお母《かあ》さん、なんとしてもその費用《ひよう》を用意《ようい》してあげよう」

決死《けっし》の母《はは》は、やがて三百《さんびゃく》フランの金《かね》をガンベッタの前《まえ》に並《なら》べて、

「さぁこれで存分《ぞんぶん》におまえの望《のぞ》みを果《は》たしなさい」

と励《はげ》ました。

驚《おどろ》いたガンベッタは、

「こんなに家《いえ》は貧《まず》しいのに、どうしてこんな大金《たいきん》が……」。

「他人《ひと》さまから、お借《か》りしてきたのです」

「相当《そうとう》の担保《たんぽ》がなければ、誰《だれ》もこんな大金《たいきん》貸《か》さないでしょう」

「もちろん、担保《たんぽ》を入《い》れてきましたよ」

「家《いえ》にそんな担保《たんぽ》になるようなものがあるのですか」

「ありますとも。私《わたし》の舌《した》を担保《たんぽ》に入《い》れたのよ。我《わ》が子《こ》が大政治家《だいせいじか》になるのに、ぜひ必要《ひつよう》なお金《かね》なのです。必《かなら》ずガンベッタに目的成就《もくてきじょうじゅ》させてお返《かえ》ししますからと、借用《しゃくよう》してきたのです」

〝断《だん》じてこの母《はは》をウソつきにしてはならないぞ〟

それからのガンベッタの必死《ひっし》の努力《どりょく》が、ついにフランスの大政治家《だいせいじか》にしたのである。

母《はは》の舌《した》一枚《いちまい》が子供《こども》の一生《いっしょう》を左右《さゆう》する。

女《おんな》は弱《よわ》し、されど母《はは》は強《つよ》し。

男《おとこ》は天下《てんか》を動《うご》かし、女《おんな》は男《おとこ》を動《うご》かす。

81

「まだ分からんのか！」

〝できること〟と、〝できないこと〟がある

真剣にやってみない人には、どちらも分からない

「私《わたし》は医者《いしゃ》ですが、妻子《さいし》を亡《な》くしてから不幸続《ふこうつづ》きで、つくづくこの世《よ》がいやになりました。仏門《ぶつもん》に入《はい》り心《こころ》を浄《きよ》めたいと願《ねが》っております。どうかお弟子《でし》にしてくださ い」

ある高僧《こうそう》を訪《たず》ねて深《ふか》く頭《あたま》を下《さ》げた。

「殊勝《しゅしょう》な心《こころ》がけだが、弟子《でし》を持《も》てる身《み》ではない」

「ご尊師《そんし》の高名《こうめい》を慕《した》って参《まい》った者《もの》、どうか、おきき入《い》れください」

ただならぬ覚悟《かくご》が窺《うかが》える。

やがて老僧《ろうそう》は静《しず》かに言《い》う。

「なんでも私《わたし》の言《い》うことがきけるかな」

「はい、無条件《むじょうけん》で従《したが》います」

「よし、それじゃそこにある箒《ほうき》で庭《にわ》を掃《は》きなさい」

ちょうど、晩秋《ばんしゅう》のこと。時雨《しぐれ》が音《おと》もなく庭《にわ》の木《こ》の葉《は》を散《ち》らしている。

素直《すなお》に〝はい〟と答《こた》えた彼《かれ》は、雨《あめ》にしょぼしょぼ濡《ぬ》れながら一心《いっしん》に庭《にわ》を掃《は》きつづけた。

しかし一向《いっこう》に老僧《ろうそう》は〝やめろ〟とは言《い》わない。ジッと見《み》ているだけである。

「まだ、掃《は》くんでしょうか」

と尋《たず》ねると、

「まだ分《わ》からんのか」

と怒鳴《どな》るだけ。

「まだ、分《わ》からぬ？　何《なに》をだろう？」

彼《かれ》は深《ふか》く考《かん》え込《こ》むが、さっぱり分《わ》からぬことが分《わ》からない。

あたりはもう夕闇《ゆうやみ》に包《つつ》まれ、雨足《あまあし》も強《つよ》まった。

ついに精根《せいこん》尽《つ》き両手《りょうて》をついて、不審《ふしん》を老僧《ろうそう》に尋《たず》ねた。

「よいか。おまえさんは精一杯《せいいっぱい》掃《は》きつづけているが、どうだ。掃《は》いても掃《は》いても木《こ》の葉《は》が落《お》ちて奇麗《きれい》にはなるまい。

おまえさんが仏門《ぶつもん》に入《はい》って、心《こころ》を浄《きよ》くしようと思《おも》うのも同《おな》じことじゃ。払《はら》っても払《はら》っても煩悩《ぼんのう》の塵《ちり》は尽《つ》きはしない。

それよりも世《よ》を捨《す》てた覚悟《かくご》で、医療《いりょう》で他人《ひと》を救《すく》うのだ」

豁然《かつぜん》と心《こころ》が開《ひら》けた彼《かれ》は、名医《めいい》だ慈医《じい》だと称賛《しょうさん》され、信頼《しんらい》される医師《いし》になったという。

できることと、できないこととがある。

しかし、やってみない人《ひと》には、どちらも分《わ》からない。真剣《しんけん》に取《と》り組《く》んでみてこそ、できることも分《わ》かるし、できないことも分《わ》かるのだ。

できることをできないと思《おも》い込《こ》むのは懈怠《けたい》だが、できぬことをできぬと諦《たい》観《かん》するのは賢明《けんめい》なのである。

82

ある高僧の臨終の言葉

「死にともない、死にともない」

誰しも究極の願いは変わらない

「まだやりたい事《こと》があるので、今《いま》しばらく、長命《ちょうめい》の祈祷《きとう》をお願《ねが》いしたい」

八十歳《はちじっさい》の人《ひと》が高徳《こうとく》の噂《うわさ》を聞《き》いて良寛《りょうかん》の所《ところ》へやって来《き》た。

「長命《ちょうめい》と言《い》っても一体《いったい》、何歳《なんさい》くらいまでお望《のぞ》みかな。それが分《わ》からぬと祈祷《きとう》のしようがない」

「九十《きゅうじゅう》では十年《じゅうねん》しかない、百歳《ひゃくさい》までお願《ねが》いしましょうか」

「あとたった二十年《にじゅうねん》。百一《ひゃくいち》になれば死《し》なねばならぬが、いいかな」

「もっと、お願《ねが》いできましょうか」

「一体《いったい》、何歳《なんさい》まで生《い》きたいのか、言《い》ってみなさい」

「それじゃ百五十歳《ひゃくごじっさい》までいかがでしょう」

「百五十歳《ひゃくごじっさい》でよろしいか」

「あんまり厚《あつ》かましくても……」

「そんな遠慮《えんりょ》は無用《むよう》じゃ」

それでは二百歳《にひゃくさい》、三百歳《さんびゃくさい》、五百歳《ごひゃくさい》と、次第《しだい》に寿命《じゅみょう》をせりあげてくる可笑《おか》しさに耐《た》えながら良寛《りょうかん》、

「どうせお願《ねが》いするついでだ。本心言《ほんしんい》ってみなされ」

と促《うなが》すと、

「それじゃ、いっそのこと、死《し》なぬ祈祷《きとう》をお頼《たの》みします」。

とうとう本音《ほんね》を吐《は》いたという。

ある人《ひと》が、数人《すうにん》の友達《ともだち》にフグをご馳走《ちそう》したが、中毒《ちゅうどく》を恐《おそ》れてだれも食《た》べない。そこへ一人《ひとり》の旅人《たびびと》がやってきた。

試《ため》しに一皿《ひとさら》すすめたがなんともなかったので、それなら大丈夫《だいじょうぶ》とみな安心《あんしん》して食《た》べる。

後《あと》で旅人《たびびと》に〝うまかったか〟と尋《たず》ねると、

「もう、あなた方《がた》は食《た》べられましたか。それでは私《わたし》もこれから頂《いただ》きましょう」

と言《い》ったという。

一休《いっきゅう》の再来《さいらい》と騒《さわ》がれた博多《はかた》の禅僧《ぜんそう》・仙厓《せんがい》が臨終《りんじゅう》を迎《むか》えた。

「ぜひ最後《さいご》の、ご教訓《きょうくん》を」

と弟子《でし》たちが紙《かみ》と筆《ふで》を捧《ささ》げてお願《ねが》いすると、

「死《し》にともない、死《し》にともない」

とだけ書《か》かれている。

どんな尊《とうと》い辞世《じせい》が貰《もら》えるかと、固唾《かたず》をのんでいた弟子《でし》たちは、あれほど大《たい》徳《とく》といわれた高僧《こうそう》の、これが辞世《じせい》とあっては師匠《ししょう》の徳《とく》にキズがつく、なんとかせねばと協議《きょうぎ》の末《すえ》、

「先《さき》ほどのお言葉《ことば》も結構《けっこう》ではありますが、いま一《ひと》つお言葉《ことば》を……」

と再度《さいど》お願《ねが》いすると、快諾《かいだく》して、くれた書面《しょめん》を見《み》て仰天《ぎょうてん》した。

先《さき》の言葉《ことば》の上《うえ》に〝**ほんまに、ほんまに**〟とつけ加《くわ》えられていただけだったという。

誰《だれ》しも究極《きゅうきょく》の願《ねが》いは変《か》わらぬようだ。

83

災いは他人に、幸せは自分に来ると、みな思っている

茗荷《みょうが》の料理ずくめにした宿屋の夫婦

昔《むかし》、茗荷《みょうが》というものは、忘れ薬《わすれぐすり》になると聞《き》いていた宿屋《やどや》の夫婦《ふうふ》がいた。

ある時《とき》、金持《かねも》ちらしい客《きゃく》が、大《おお》きなカバンを持《も》って投宿《とうしゅく》した。

欲深《よくふか》い宿屋《やどや》の夫婦《ふうふ》は、何《なん》とかあのカバンを忘《わす》れてゆかせようと、食事《しょくじ》を茗荷《みょうが》の料理《りょうり》ずくめにすることに一決《いっけつ》する。

茗荷《みょうが》の吸《す》い物《もの》、茗荷《みょうが》の煮物《にもの》、茗荷《みょうが》のあえもの、茗荷《みょうが》のひたしものを御膳《ごぜん》に

すえて弁明《べんめい》した。

「お客《きゃく》さま、田舎《いなか》のことで何《なに》も仕様《しよう》がございません。裏《うら》の畑《はたけ》の茗荷《みょうが》で少々作《しょうしょうつく》ってまいりました。どうぞ、召《め》し上《あ》がってくださいませ」

「ああさようか。ワシは茗荷《みょうが》が大好物《だいこうぶつ》でなあ。これはこれは、ご馳走《ちそう》さまじゃ」

夫婦《ふうふ》は寝物語《ねものがたり》に、明日《あす》の朝食《ちょうしょく》も茗荷《みょうが》ばかり出《だ》せば、あのカバンは間違《まちが》いなく忘《わす》れて帰《かえ》るぞ。おまえには着物《きもの》を買《か》ってやる、オレは上等《じょうとう》の洋服《ようふく》にしようか、などと胸《むね》ふくらませて就寝《しゅうしん》した。

翌朝《よくあさ》、

「お客《きゃく》さま、まことにお粗末《そまつ》でしたがお好《す》きとおっしゃいましたので、今朝《けさ》もまた茗荷《みょうが》を出《だ》させて頂《いただ》きました」。

「おお、それはけっこう、けっこう。ああ、なるほどこの味噌汁《みそしる》は茗荷《みょうが》、これは茗荷《みょうが》の煮《に》もの、これは茗荷《みょうが》の焼《や》き物《もの》、みんなおいしい、おいしい」

やがて上機嫌《じょうきげん》で客《きゃく》は出《で》てゆく。

「オイ、早《はや》くあの客《きゃく》のいた座敷《ざしき》を探《さが》せ！　何《なに》か忘《わす》れてあるはずだ。ドレドレ押《お》し入《い》れの中《なか》かなあ。ナニ、戸棚《とだな》の中《なか》かな、待《ま》てよ便所《べんじょ》かな、机《つくえ》の下《した》にもないが、畳《たたみ》をまくって見《み》よ。ハテナどうしたのだろう、なんにも忘《わす》れてないぞ。おかしいなぁ」

と思案《しあん》していると、大声《おおごえ》上《あ》げて妻《つま》が飛《と》んできた。

「あんた大変《たいへん》よ。宿賃《やどちん》もらうの忘《わす》れたよ」


年末《ねんまつ》ジャンボ宝《たから》クジを買《か》ったサラリーマン夫婦《ふうふ》が盛《さか》んに論《ろん》じている。

「一億円《いちおくえん》当《あ》たったらどうする」

「二人《ふたり》でもらいに行《い》きましょうよ」

「強盗《ごうとう》に狙《ねら》われるかもしれないぞ」

「すぐに郵便局《ゆうびんきょく》へ預金《よきん》しましょう」

「おまえは、何《なに》に使《つか》うつもりだ」

「大《おお》きなマイホームが欲《ほ》しいのよ。そして娘《むすめ》に近所《きんじょ》にない、ピアノを買《か》ってやりたいの」

「じゃオレは、高級車《こうきゅうしゃ》を買《か》おうか」

「その車《くるま》でどこか遠《とお》くへ、ドライブに行《い》きましょうよ」

そこへやってきた娘《むすめ》が笑《わら》った。

「当《あ》たりもせんのに、なに言《い》っているのよ。タヌキの皮算用《かわざんよう》じゃないの」

災《わざわ》いは他人《たにん》に、幸《しあわ》せは自分《じぶん》に来《く》るものと、みな思《おも》っている。

84

信長の野望を打ち砕いた真宗門徒の力は、どこからきたのか

石山本願寺を守った信仰の団結

明応五年《めいおうごねん》、蓮如上人《れんにょしょうにん》が親鸞聖人《しんらんしょうにん》の教《おし》えを宣布《せんぷ》する法城《ほうじょう》として建立《こんりゅう》されたのが、かの有名《ゆうめい》な摂津《せっつ》（今《いま》の大阪府《おおさかふ》）石山《いしやま》の本願寺《ほんがんじ》である。

それより真実《しんじつ》を求《もと》める人《ひと》は全国《ぜんこく》より群参《ぐんさん》、石山《いしやま》は大発展《だいはってん》し戦国諸大名《せんごくしょだいみょう》も無視《むし》できない一大勢力《いちだいせいりょく》となった。

中《なか》でも石山《いしやま》の軍事的《ぐんじてき》、政治的要害《せいじてきようがい》の地《ち》であることに、いち早《はや》く着目《ちゃくもく》した織《お》

田信長《だのぶなが》は、幾度《いくたび》も譲渡《じょうと》の相談《そうだん》を持《も》ちかけてきた。蓮如上人《れんにょしょうにん》以来《いらい》、血《ち》と涙《なみだ》で守《まも》ってきた法城《ほうじょう》を仏敵《ぶってき》に渡《わた》すことはできない。本願寺《ほんがんじ》が拒絶《きょぜつ》したのは当然《とうぜん》である。

姦雄《かんゆう》・信長《のぶなが》は遂《つい》に元亀元年《げんきがんねん》、石山攻略《いしやまこうりゃく》の大兵《たいへい》を起《お》こしたが、予期《よき》せぬ敗北《はいぼく》に大《おお》いに士気《しき》を喪失《そうしつ》した。

反織田《はんおだ》の諸将《しょしょう》の挙兵《きょへい》もあって、さすが強気《つよき》の信長《のぶなが》も一時撤退《いちじてったい》を余儀《よぎ》なくされる。

むろん彼《かれ》は目的《もくてき》を放棄《ほうき》したのではない。果《は》たせるかな天正四年《てんしょうよねん》。陸海《りくかい》からの猛攻《もうこう》は三度《さんど》におよんだが、民兵《みんぺい》とはいえ真心《まごころ》から守《まも》る城《しろ》は堅《かた》かった。

千軍万馬《せんぐんばんば》の信長勢《のぶながぜい》も、またまた大敗《たいはい》し捲土重来《けんどちょうらい》を期《き》せねばならなかったのである。

野望《やぼう》あくなき信長《のぶなが》の攻撃《こうげき》は、その後《ご》も四度《よんど》、五度《ごど》と敢行《かんこう》されたが、護法《ごほう》の鬼《おに》となった人々《ひとびと》の魂《たましい》で築《きず》かれた『南無六字《なむろくじ》の城《しろ》』は、がむしゃらな兵馬《へいば》の蹂躙《じゅうりん》を許《ゆる》さなかった。

永禄三年《えいろくさんねん》。桶狭間《おけはざま》の奇襲《きしゅう》より、戦《たたか》えば勝《か》ち攻《せ》めれば落《お》ち、朝《あした》に一城《いちじょう》夕《ゆう》べに一国《いっこく》と領土《りょうど》を広《ひろ》げ、群雄《ぐんゆう》草《くさ》のごとくなびき、五畿内《ごきない》の猛将《もうしょう》を馬前《ばぜん》の塵《ちり》に蹴《け》った信長《のぶなが》も、石山攻略《いしやまこうりゃく》だけは断念《だんねん》せざるを得《え》なかったのだ。

この恐《おそ》るべき力《ちから》は何処《どこ》からあらわれたのか。

人《ひと》は城《しろ》　人《ひと》は石垣《いしがき》　人《ひと》は堀《ほり》

情《なさけ》は味方《みかた》　仇《あだ》は大敵《たいてき》

と戦国武将《せんごくぶしょう》はいう。

外敵《がいてき》を防《ふせ》ぐには、幾万金《いくまんきん》を投《とう》じた鉄壁《てっぺき》よりも人《ひと》の団結《だんけつ》が凄《すご》い力《ちから》を発揮《はっき》する。

地《ち》の利《り》や毛利《もうり》の援助《えんじょ》があったとはいえ、何《なに》ものよりも大《おお》きな力《ちから》は弥陀《みだ》の本《ほん》願真実《がんしんじつ》から湧《わ》き出《い》ずる信仰《しんこう》の団結《だんけつ》が、法城《ほうじょう》を盤石《ばんじゃく》の泰《やす》きにおいたのである。

諺《ことわざ》にいう。

ペンは、剣《けん》よりも強《つよ》しと。

信《しん》はまた剣《けん》の力《ちから》に勝《まさ》るのだ。

85

世の中、思うままにはならないもの

金持ちだが、器量が悪い。
美男子だが、貧しい……

母親《ははおや》が娘《むすめ》を呼《よ》んで言《い》う。

「花子《はなこ》、おまえもそろそろ年頃《としごろ》じゃ。二《に》カ所《しょ》から縁談《えんだん》がきているがどうする」

娘《むすめ》は顔《かお》を赤《あか》らめ聞《き》いている。

母親《ははおや》が続《つづ》いて、

「一方《いっぽう》は大変《たいへん》な金持《かねも》ちだが、ちと器量《きりょう》が悪《わる》いそうな。もう一方《いっぽう》は、美男子《びだんし》だが貧《まず》しいとのことじゃ。一緒《いっしょ》になるのはおまえじゃで、自分《じぶん》の心《こころ》で決《き》めたらよい」

と二枚《にまい》の写真《しゃしん》を手渡《てわた》す。

恥《は》ずかしそうに見比《みくら》べているばかりで、娘《むすめ》はなんとも言《い》わない。

「言《い》いにくいならお母《かあ》さん、あちらを向《む》いている間《あいだ》に、金持《かねも》ちのほうへ行《い》きたいなら右肩《みぎかた》を、美男《びなん》のほうへ行《い》きたければ左肩《ひだりかた》を脱《ぬ》ぎや」

と言《い》って、くるりと背《せ》を向《む》ける。

しばらくして、

「もうよいか、どれどれ」

と母親《ははおや》が振《ふ》り返《かえ》って見《み》ると、娘《むすめ》は両肩《りょうかた》をスッポリと脱《ぬ》いでいるではないか。

どういうことじゃ、と尋《たず》ねると、

「昼《ひる》は金持《かねも》ちの男《おとこ》へ、夜《よる》は美男《びなん》の所《ところ》へ行《い》きたいの」

と言《い》ったという。


イソップ物語《ものがたり》にも、こんなのがある。

中年《ちゅうねん》の男《おとこ》が二人《ふたり》の女性《じょせい》と恋愛《れんあい》していた。

一人《ひとり》の女性《じょせい》は彼《かれ》よりもずーっと若《わか》く、もう一人《ひとり》は、幾《いく》つか年上《としうえ》だった。

若《わか》いほうの女性《じょせい》は少《すこ》しでも彼《かれ》が若《わか》く見《み》えるように、夕食後《ゆうしょくご》、膝枕《ひざまくら》にした彼《かれ》の頭《あたま》の白髪《しらが》を、一本一本丹念《いっぽんいっぽんたんねん》に抜《ぬ》いてゆく。

ところが年上《としうえ》の女性《じょせい》は、彼《かれ》が自分《じぶん》よりも、若《わか》く見《み》られることを嫌《きら》っている。

そこで朝食後《ちょうしょくご》、彼《かれ》の頭《あたま》の黒《くろ》い毛《け》を一本一本入念《いっぽんいっぽんにゅうねん》に抜《ぬ》いた。

しまいに男《おとこ》は丸坊主《まるぼうず》になってしまった。

話《はなし》の終《お》わりには、

「あちらにもこちらにも良《よ》くすると、自分《じぶん》の身《み》が立《た》たなくなる」

と書《か》かれてある。


財産《ざいさん》があると思《おも》えば子供《こども》がない。いかにあがいても恵《めぐ》まれない。

子供《こども》が沢山《たくさん》あると思《おも》えば財産《ざいさん》がない。どんなに働《はたら》いても金《かね》ができない。

奇麗《きれい》な顔《かお》していると思《おも》えば背《せ》が低《ひく》い。終日運動《しゅうじつうんどう》してもどうにも伸《の》びない。

すらりとしていると思《おも》えば顔《かお》がいただけない。どんな美顔整形《びがんせいけい》しても、地《じ》が悪《わる》いからムダである。

ままにならぬと　おひつを投《な》げりゃ
　そこらあたりは　ままだらけ
世《よ》の中《なか》、思《おも》うままにはならないようだ。

86

「泣いて馬謖《ばしょく》を斬る」

大事を成さんとする者は、時に、この英断が必要となる

中国《ちゅうごく》・漢《かん》の末葉《まつよう》、天下麻《てんかあさ》のごとく乱《みだ》れ諸方《しょほう》に英雄《えいゆう》があらわれた。

中《なか》でも呉《ご》の孫権《そんけん》と、魏《ぎ》の曹操《そうそう》が天下《てんか》を二分《にぶん》する勢《いきお》いで急速《きゅうそく》に勢力《せいりょく》を広《ひろ》げ、その両者《りょうしゃ》に挟《はさ》まれたもう一人《ひとり》の英雄《えいゆう》・劉備玄徳《りゅうびげんとく》は、つねに押《お》されがちであった。

そこで劉備玄徳《りゅうびげんとく》は、乱世《らんせ》をさけ晴耕雨読《せいこううどく》、悠々自適《ゆうゆうじてき》の日暮《ひぐ》らしをしていた

天才的軍略家《てんさいてきぐんりゃくか》・諸葛亮孔明《しょかつりょうこうめい》を見出《みいだ》し、三顧《さんこ》の礼《れい》をもって迎《むか》えた。

礼《れい》を尽《つ》くしての熱意《ねつい》に動《うご》かされた孔明《こうめい》は、劉備《りゅうび》につかえて機略縦横《きりゃくじゅうおう》、ついに魏《ぎ》や呉《ご》に対《たい》して蜀国《しょくこく》を樹立《じゅりつ》し、いわゆる三国時代《さんごくじだい》を形成《けいせい》するにいたる。

ところが蜀国《しょくこく》の王《おう》・劉備玄徳《りゅうびげんとく》は、志《こころざし》なかばにして倒《たお》れ、その子《こ》劉禅《りゅうぜん》が位《くらい》についた。

孔明《こうめい》は亡《な》き劉備《りゅうび》の遺志《いし》をつぐために新帝《しんてい》の劉禅《りゅうぜん》を助《たす》けて、魏《ぎ》の国《くに》の討伐《とうばつ》に出《で》かけた。

しかし、蜀《しょく》の国《くに》には魏《ぎ》の国《くに》に勝《か》つだけの実力《じつりょく》はなく、国《くに》に幼《おさな》い王《おう》を残《のこ》して出陣《しゅつじん》しなければならなかった孔明《こうめい》は必死《ひっし》であった。

「今度《こんど》の戦《たたか》いは大敵《たいてき》、魏《ぎ》の国《くに》を討《う》つのであるから、生《い》きて帰《かえ》れるか死《し》んで帰《かえ》るか、わからぬ」

というので、出陣《しゅつじん》のとき幼帝《ようてい》・劉禅《りゅうぜん》に政治《せいじ》のことなど詳《くわ》しく遺言《ゆいごん》したのが、かの『出師《すいし》の表《ひょう》』といわれる名文《めいぶん》である。

『出師《すいし》の表《ひょう》』にあらわれた孔明《こうめい》の真心《まごころ》と識見《しきけん》に、泣《な》かない者《もの》はないといわれる。


かくて出陣《しゅつじん》した孔明《こうめい》は、祁山《きざん》を攻《せ》めとり南安《なんあん》、天水《てんすい》、安定《あんてい》と次々《つぎつぎ》に占領《せんりょう》していく。


その時《とき》である。

馬謖《ばしょく》という孔明《こうめい》の非常《ひじょう》に可愛《かわい》がっていた大将《たいしょう》が、彼《かれ》の命令《めいれい》に反《はん》したために大敗《たいはい》してしまったのだ。

孔明《こうめい》は軍律《ぐんりつ》のためには、どんなに愛《あい》する部下《ぶか》でも斬《き》らねばならぬと決意《けつい》し、馬謖《ばしょく》に死刑《しけい》を命《めい》じたのである。

これから「泣《な》いて馬謖《ばしょく》を斬《き》る」の故事《こじ》が生《う》まれた。

大事《だいじ》を成《な》さんとする者《もの》は、時《とき》には「泣《な》いて馬謖《ばしょく》を斬《き》る」見識《けんしき》と英断《えいだん》が必要《ひつよう》なのである。

87

惑《まど》える者よ。早く悪夢より覚めて、無上道《むじょうどう》に入れ

仏弟子《ぶつでし》となったオークツマラ

お釈迦《しゃか》さまが生存中《せいぞんちゅう》、拘薩羅国《コーサラこく》の、ある外道《げどう》の弟子《でし》に、才知《さいち》、弁舌《べんぜつ》、体力《たいりょく》ともに優《すぐ》れたオークツマラという美青年《びせいねん》がいた。

彼《かれ》の師《し》の妻《つま》は、その魅力《みりょく》にひかれ、あろうことか夫《おっと》の不在《ふざい》を計《はか》って切《せつ》ない恋慕《れんぼ》の情《じょう》を訴《うった》え、密通《みっつう》を迫《せま》った。

物堅《ものがた》い彼《かれ》は、断固《だんこ》その誘惑《ゆうわく》を拒《こば》み、彼女《かのじょ》の不倫《ふりん》をいさめる。

さすが女《おんな》の身《み》の恥《は》ずかしさ口惜《くちお》しさに打《う》ちしおれ、すごすごと彼女《かのじょ》はその場《ば》を立《た》ち去《さ》ったが、やがて狂《くる》わんばかりの愛恋《あいれん》は激《はげ》しい憎悪《ぞうお》となって、恐《おそ》ろしい復讐《ふくしゅう》を企《たくら》む。

たまたま夫《おっと》の帰宅《きたく》を見計《みはか》らい、自《みずか》らの着衣《ちゃくい》を引《ひ》き裂《さ》き、下半身《かはんしん》あらわな姿《すがた》で床《ゆか》の上《うえ》に打《う》ち倒《たお》れたまま、不在中《ふざいちゅう》オークツマラに不倫《ふりん》の恋《こい》を強《し》いられ、こんな辱《はずかし》めを受《う》けたと涙《なみだ》ながらに訴《うった》える。

愕然《がくぜん》とした夫《おっと》は、激《はげ》しい嫉妬《しっと》の念《ねん》から、平凡《へいぼん》な一時的《いちじてき》な復讐《ふくしゅう》よりも自滅《じめつ》に仕向《しむ》け、永遠《えいえん》の苦痛《くつう》をなめさせてやろうと考《かんが》えた。

そこでさりげなく彼《かれ》を呼《よ》んで、こう命《めい》じる。

「おまえはもう、ワシのすべての教《おし》えを修得《しゅうとく》した。後《あと》はただ一《ひと》つ、この剣《つるぎ》で街《まち》の辻《つじ》に立《た》って百人《ひゃくにん》を殺《ころ》し、一人一人《ひとりひとり》より一本《いっぽん》の指《ゆび》を切《き》り取《と》って、首飾《くびかざ》りとするがよい。

さすれば、おまえの悟《さと》りの道《みち》は完備《かんび》するであろう」
と一口《ひとくち》の剣《つるぎ》を渡《わた》した。
意外《いがい》な残忍《ざんにん》な行為《こうい》を強《し》いられ、一時躊躇《いちじちゅうちょ》したが、師命《しめい》に背《そむ》くは道《みち》にあらず
と、彼《かれ》は逆《さか》らうことができなかった。
奮然《ふんぜん》と意《い》を決《けっ》した彼《かれ》は街頭《がいとう》に立《た》ち、阿修羅《あしゅら》のごとく道行《みちゆ》く老少男女《ろうしょうだんじょ》を問《と》わ
ず殺害《さつがい》し、それらの指《ゆび》を切《き》ってつなぎ、見《み》る見《み》るうちに紅《くれない》に染《そ》まった鬘《かずら》（首《くび》
や身体《からだ》の飾《かざ》り）を作《つく》りあげ、ついに九十九人《きゅうじゅうきゅうにん》までになる。
この噂《うわさ》はたちまち四方《しほう》に伝《つた》わり、誰言《だれい》うとなく彼《かれ》をオークツマラ（指鬘《しまん》）
と呼《よ》んだ。
そして彼《かれ》は、狂鬼《きょうき》のごとくあと一人《ひとり》を狙《ねら》っていた時《とき》、百人目《ひゃくにんめ》に現《あらわ》れたのが
なんと〝生《う》みの母《はは》〟と〝お釈迦《しゃか》さま〟であった。
誰《だれ》からともなく我《わ》が子《こ》の振《ふ》る舞《ま》いを聞《き》いて母《はは》は、驚《おどろ》いてやってきたのであ

る。

彼《かれ》にはもう、だれかれの見《み》さかいもなかったが、釈迦《しゃか》めがけて猛然《もうぜん》と襲《おそ》いかかった。

ところがどうしたことか、一歩《いっぽ》も前進《ぜんしん》できない。彼《かれ》は焦《あせ》って鋭《するど》く叫《さけ》ぶ。

「沙門《しゃもん》よ、止《と》まれ！」

お釈迦《しゃか》さまは、静《しず》かに応《おう》じられる。

「我《われ》は止《と》まれり。止《と》まらざるは汝《なんじ》なり」

奇異《きい》な答《こた》えに、彼《かれ》は大《おお》いに驚《おどろ》いてワケを尋《たず》ねる。

「そなたは邪教《じゃきょう》にだまされて、みだりに人命《じんめい》を奪《うば》おうと焦《あせ》っている。だから少《すこ》しも身《み》も心《こころ》も安《やす》らかになれぬのだ。

私《わたし》を見《み》よ。生死《しょうじ》を超《こ》えてなんら煩《わずら》うところがない。

惑《まど》える者《もの》よ。早《はや》く悪夢《あくむ》より覚《さ》めて無上道《むじょうどう》に入《はい》れ」

釈迦《しゃか》の尊容《そんよう》と無上《むじょう》の威徳《いとく》に接《せっ》して、さしもの悪魔外道《あくまげどう》も慟哭《どうこく》し、たちまち敬虔《けいけん》な仏弟子《ぶつでし》となっている。

「わが弟子《でし》の中《なか》、法《ほう》を聞《き》いて早《はや》く悟《さと》ること、指鬘《しまん》のように勝《すぐ》れた者《もの》はなし」

と釈迦《しゃか》は言《い》われたという。

88

「こうまでしてくださらないと分からない私でした」

愛児を亡くしたキサーゴータミー

釈迦在世中《しゃかざいせちゅう》、キサーゴータミーといわれる麗《うるわ》しい女性《じょせい》がいた。結婚《けっこん》して玉《たま》のような男《おとこ》の子《こ》を産《う》んだ。

命《いのち》より大切《たいせつ》に育《そだ》てていたその子《こ》が、突然《とつぜん》の病《やまい》で急死《きゅうし》した。

彼女《かのじょ》は狂《くる》わんばかりに愛児《あいじ》の亡骸《なきがら》を抱《だ》きしめ、この子《こ》を生《い》き返《かえ》らせる人《ひと》はないかと村中《むらじゅう》を尋《たず》ね回《まわ》った。

会《あ》う人見《ひとみ》る人《ひと》、その哀《あわ》れさに涙《なみだ》を流《なが》したが、死者《ししゃ》を生《い》き返《かえ》らせる人《ひと》などあろうはずがない。

だが今《いま》の彼女《かのじょ》に、何《なに》を言《い》っても無駄《むだ》だと思《おも》う人《ひと》たちは、〝舎衛城《しゃえじょう》にましますお釈迦《しゃか》さまに聞《き》かれるがよい〟と教《おし》える。

早速《さっそく》、キサーゴータミーは釈迦《しゃか》を訪《たず》ね、泣《な》く泣《な》く事情《じじょう》を訴《うった》え、子供《こども》の生《い》き返《かえ》る法《ほう》を求《もと》めた。

憐《あわ》れむべきこの母親《ははおや》にお釈迦《しゃか》さまは、優《やさ》しくこう言《い》われている。

「貴女《あなた》の気持《きも》ちはよく分《わ》かる。愛《いと》しい子《こ》を生《い》き返《かえ》らせたいのなら、私《わたし》の言《い》うとおりにしなさい。

これから町《まち》へ行《い》って、今《いま》まで死人《しにん》の出《で》たことのない家《いえ》から、ケシの実《み》を一《ひと》つかみ貰《もら》ってくるのです。すぐにも子供《こども》を生《い》き返《かえ》らせてあげよう」

それを聞《き》くなりキサーゴータミーは、町《まち》に向《む》かって一心《いっしん》に走《はし》った。

どの家《いえ》を訪《たず》ねても〝昨年《さくねん》、父《ちち》が死《し》んだ〟〝夫《おっと》が今年《ことし》、亡《な》くなった〟〝先日《せんじつ》、子供《こども》に死別《しべつ》した〟という家《いえ》ばかり。

ケシの実《み》はどの家《いえ》でも持《も》ってはいたが、死人《しにん》を出《だ》さない家《いえ》は何処《どこ》にもなかった。

しかし彼女《かのじょ》は、なおも死人《しにん》の出《で》ない家《いえ》を求《もと》めて駆《か》けずり回《まわ》る。

やがて日《ひ》も暮《く》れ夕闇《ゆうやみ》が町《まち》を包《つつ》む頃《ころ》、もはや歩《ある》く力《ちから》も尽《つ》き果《は》てた彼女《かのじょ》は、トボトボとお釈迦《しゃか》さまの元《もと》へと戻《もど》っていた。

「ゴータミーよ、ケシの実《み》は得《え》られたか」

「世尊《せそん》、死人《しにん》のない家《いえ》は何処《どこ》にもありませんでした。私《わたし》の子供《こども》も死《し》んだことがようやく知《し》らされました」

「そうだよキサーゴータミー。

人《ひと》はみな死《し》ぬのだ。明《あき》らかなことだが、分《わ》からない愚《おろ》か者《もの》なのだよ」

「本当《ほんとう》に馬鹿《ばか》でした。こうまでしてくださらないと、分《わ》からない私《わたし》でございました。

こんな愚《おろ》かな私《わたし》でも、救《すく》われる道《みち》を聞《き》かせてください」

彼女《かのじょ》は深《ふか》く懺悔《ざんげ》し、仏法《ぶっぽう》に帰依《きえ》したという。

89

「孫《そん》悟《ご》空《くう》、この山を征服せり」

精一杯、飛んだつもりでも、そこは釈迦の手のひらの中だった

神通力自在《じんずうりきじざい》を自負《じふ》する孫悟空《そんごくう》が、釈迦《しゃか》に、その力《ちから》だめしを申《もう》し入《い》れる。

快諾《かいだく》されたので早速《さっそく》孫悟空《そんごくう》は、觔斗雲《きんとうん》を呼《よ》び、全力《ぜんりょく》あげて飛《と》びに飛《と》んだ。

〝オレの力《ちから》はこのようなもの〟

どうだと言《い》わんばかりに釈迦《しゃか》の元《もと》へ戻《もど》ってきた孫悟空《そんごくう》に、

「あれが、おまえの精一杯《せいいっぱい》か」。

「あれ以上《いじょう》は、なんともなりません」

「おまえが飛《と》んでいるうちに、五《いつ》つの大《おお》きな山《やま》があったろう」

「はい、確《たし》かに」

「真《ま》ん中《なか》の山《やま》の頂上《ちょうじょう》に、おまえは何《なに》を書《か》いてきた」

「孫悟空《そんごくう》この山《やま》を征服《せいふく》せり、と記《しる》してきましたが、どうしてご存《ぞん》じで……」

驚《おどろ》いて尋《たず》ねる孫悟空《そんごくう》にお釈迦《しゃか》さまは、手《て》のひらを開《ひら》いて見《み》せられる。

「おまえは、この中指《なかゆび》の先《さき》に書《か》いている」


サルは人間《にんげん》に次《つ》ぐ高等動物《こうとうどうぶつ》といわれるが、果《は》たして知恵《ちえ》はどれほどか。

サルの知恵調査団《ちえちょうさだん》の一行五人《いっこうごにん》が、山腹《さんぷく》のサルの横穴住居《よこあなじゅうきょ》に近《ちか》づき、空砲《くうほう》で穴《あな》からサルを追《お》い出《だ》す。

穴《あな》から飛《と》び出《だ》したサルたちは一斉《いっせい》に近《ちか》くの木《き》の上《うえ》に陣《じん》どって、〝なにしにきたか〃と人間《にんげん》どもの様子《ようす》を窺《うかが》っている。

彼《かれ》らの監視《かんし》の中《なか》を一行《いっこう》はサル穴《あな》に入《はい》ってゆく。全員《ぜんいん》が入《はい》ったところで今度《こんど》は一人《ひとり》ずつ、ゆっくりと穴《あな》から出《で》て、どんどん離《はな》れてゆく。

するとどうだろう。

三人《さんにん》まで穴《あな》から出《で》てゆくと、〃もう大丈夫《だいじょうぶ》〃といわんばかりのサルたちが、木《き》から下《お》りて穴《あな》へ戻《もど》ってきた。

ところが残《のこ》っていた人間《にんげん》を見《み》てびっくり仰天《ぎょうてん》、再《ふたた》び木《き》の上《うえ》に逃《に》げ帰《かえ》る。

こんな実験《じっけん》を繰《く》り返《かえ》し、三《さん》まで数《かぞ》えられることが判明《はんめい》したという。

そのサルが、夜陰《やいん》に乗《じょう》じて群《む》れをなし、畑《はたけ》に出《で》てきて大根《だいこん》やごぼうを盗《ぬす》む。

彼《かれ》らは最初《さいしょ》の一本《いっぽん》を大切《たいせつ》に抱《かか》え込《こ》むが、次《つぎ》の一本《いっぽん》を抜《ぬ》くと前《まえ》の一本《いっぽん》を落《お》とし、また一本《いっぽん》ぬいては一本《いっぽん》落《お》とす。

間断《かんだん》なく彼《かれ》らは動《うご》きながらも、明《あ》け方山《がたやま》へ帰《かえ》る時《とき》には、最後《さいご》の一本《いっぽん》を小脇《こわき》に抱《かか》えているだけだという。

荒《あ》らされた畑《はたけ》の被害《ひがい》は甚大《じんだい》だが、彼《かれ》らの得《え》るものは僅《わず》かなのだ。

得《え》るものの少《すく》ない割《わり》に、与《あた》える害《がい》の大《おお》きいのが愚者《ぐしゃ》の言動《げんどう》である。

国《くに》や民族《みんぞく》の指導者《しどうしゃ》たちが、世界各地《せかいかくち》で血《ち》で血《ち》を洗《あら》っているのも、サル知恵《ぢえ》に近《ちか》いと言《い》えるかもしれない。

省みよ
日に幾度も
省みよ
欲と怒りの
絶える間なければ

90

形にとらわれて、その心を失えば、哀れむべき道化役者となる

少年時代に水ガメを割った司馬温公

明治《めいじ》の初頭《しょとう》。大阪《おおさか》に初《はじ》めて小学校《しょうがっこう》が設立《せつりつ》された時《とき》のこと。

中国《ちゅうごく》の司馬温公《しばおんこう》の偉人伝《いじんでん》を、教師《きょうし》がとりあげた。

温公《おんこう》、七歳《ななさい》の頃《ころ》。友人《ゆうじん》と外《そと》にあった大《おお》きな水《みず》ガメに登《のぼ》って遊《あそ》んでいるうちに、一人《ひとり》の子供《こども》が過《あやま》って水《みず》ガメの中《なか》へ転落《てんらく》したのだ。

驚《おどろ》いた子供《こども》たちは家《いえ》へ知《し》らせに、それぞれ走《はし》った。

温公《おんこう》ひとり踏《ふ》みとどまって、

〝まてよ、家《いえ》の者《もの》が来《く》るまでに溺《おぼ》れて死《し》ぬだろう。どんな高価《こうか》なカメでも、人《ひと》の命《いのち》には代《か》えられない〟

と石《いし》でカメをぶち破《やぶ》り、無事《ぶじ》に子供《こども》を救出《きゅうしゅつ》した。

熱《ねっ》っぽく語《かた》った教師《きょうし》は、

「幼《おさな》くして、カメを割《わ》る勇気《ゆうき》があったからこそ司馬温公《しばおんこう》は、歴史《れきし》に残《のこ》る人《ひと》になったのです」

と激賞《げきしょう》した。

感動《かんどう》した生徒《せいと》たちは、早速帰宅《さっそくきたく》すると台所《だいどころ》へ直行《ちょっこう》し、手《て》あたり次第《しだい》にそこらのカメを割《わ》り出《だ》した。

「なにをする！」

驚《おどろ》いた家族《かぞく》がたしなめると、子供《こども》たちは胸《むね》を張《は》って、みなが言《い》う。

「隣《となり》の太郎《たろう》や向《む》かいの花子《はなこ》にも聞《き》いてみい。子供《こども》の頃《ころ》からカメを壊《こわ》すような者《もの》でないと、立派《りっぱ》な人《ひと》にはなれんと先生《せんせい》が言《い》ったんだから……」

隣《となり》の太郎《たろう》はラッキョガメを、向《む》かいの花子《はなこ》はミソガメを、至《いた》る所《ところ》でカメ割《わ》りがなされている始末《しまつ》。

このために、父兄《ふけい》たちの登校反対《とうこうはんたい》の、チン騒動《そうどう》の一幕《ひとまく》があったという。

釈迦十大弟子《しゃかじゅうだいでし》の一人《ひとり》、舎利弗尊者《しゃりほつそんじゃ》が、閑静《かんせい》な山中《さんちゅう》を選《えら》び座禅《ざぜん》している。

たまたまそこへ、かねて畏敬《いけい》する維摩居士《ゆいまこじ》がやって来《き》た。

「舎利弗《しゃりほつ》さん、そこで何《なに》していられるのかな」

誰《だれ》もが見《み》れば分《わ》かることを、ワザと聞《き》くので面白《おもしろ》くない。

「座禅《ざぜん》しているのだが……」

無愛想《ぶあいそう》に答《こた》える。

散乱《さんらん》している舎利弗《しゃりほつ》の心《こころ》を見抜《みぬ》いて、維摩《ゆいま》は言下《げんか》にこう指摘《してき》する。

「なに座禅《ざぜん》、それが座禅《ざぜん》とな。もし身体《からだ》を動《うご》かさないのが座禅《ざぜん》なら、山《やま》の樹《じゅ》木《もく》も立派《りっぱ》に座禅《ざぜん》していることになる」

かくて諄々《じゅんじゅん》と、座禅《ざぜん》の本旨《ほんし》を説《と》いたという。

形《かたち》にとらわれてその心《こころ》を失《うしな》えば、哀《あわ》れむべき道化役者《どうけやくしゃ》を演《えん》じなければならない。

91

「言うは易《やす》く、行うは難《かた》し」

チョビヒゲ紳士との相克

学生時代の思い出

戦後《せんご》の混乱《こんらん》が少《すこ》し治《おさ》まった学生時代《がくせいじだい》。列車《れっしゃ》で十数時間先《じゅうすうじかんさき》へ講演《こうえん》に行《い》った時《とき》のこと。

極度《きょくど》に疲労《ひろう》していた私《わたし》は雑踏《ざっとう》するホームの人《ひと》たちを見《み》て、なんとか座席《ざせき》にありつきたいと願《ねが》っていた。

ホームにすべりこんだ列車《れっしゃ》に飛《と》び乗《の》ると、たまたま一席《いっせき》が空《あ》いている。やれうれしやと着席《ちゃくせき》したが、後続《こうぞく》の乗客《じょうきゃく》は通路《つうろ》にあふれ座席《ざせき》の前《まえ》にまで立《た》つ始《し》末《まつ》。

やがて一人《ひとり》のおばあさんが、押《お》され押《お》されて私《わたし》の前《まえ》に立《た》った。列車《れっしゃ》の激《はげ》しい動揺《どうよう》のたびごとに、大《おお》げさにおばあさんは私《わたし》の身体《からだ》に寄《よ》りかかる。

「あんたは若《わか》い学生《がくせい》でしょう。私《わたし》はこんな老人《ろうじん》なのよ」

なんともそれが、席《せき》ゆずりの催促《さいそく》に思《おも》われてならないのだ。

〝長《なが》い道中《どうちゅう》が控《ひか》えている。せっかく手《て》に入《い》れた座席《ざせき》なのだ、私《わたし》の立場《たちば》も分《わ》かってくれ〟

良心《りょうしん》の呵責《かしゃく》と闘《たたか》いながら、ふと前《まえ》の席《せき》を見《み》て私《わたし》はハッとした。

そこにはチョビヒゲつけた中年《ちゅうねん》の紳士《しんし》が、しきりに目《め》で合図《あいず》を送《おく》っているではないか。

〝君《きみ》は学生《がくせい》だろう、おばあさんに席《せき》をゆずって当然《とうぜん》ではないか〟

彼《かれ》の目《め》はどうも、そう告《つ》げているようだ。

とたんに私《わたし》の心《こころ》が反発《はんぱつ》する。

〃おまえさんだって、ヒゲを生《は》やしていても年寄《としよ》りの部類《ぶるい》ではまだなかろう。そんなにおばあさんを案《あん》ずるなら、おまえさんの席《せき》をゆずったらどうだ〃

あえて私《わたし》は車窓《しゃそう》に目《め》をやり、チョビヒゲ氏《し》の視線《しせん》を無視《むし》した。

だが依然《いぜん》としておばあさんのヨロメキ催促《さいそく》と、チョビヒゲ紳士《しんし》の忠告《ちゅうこく》と良心《りょうしん》の呵責《かしゃく》が続《つづ》く。

いさぎよく席《せき》をゆずろうか。精神的《せいしんてき》には楽《らく》かもしれぬ。

私《わたし》が立《た》てば、まずおばあさんが喜《よろこ》び幾度《いくたび》も礼《れい》を言《い》うにちがいない。チョビヒゲ紳士《しんし》は満足《まんぞく》し周囲《しゅうい》の人《ひと》は感心《かんしん》もするだろう。

そんな身勝手《みがって》なことなどを、ひそかに計算《けいさん》しながら、やおら私《わたし》は立《た》ち上《あ》がり、ジェスチャーたっぷり〝どうぞ〟と叫《さけ》んで席《せき》をすすめた。

ところがどうだろう。おばあさんの反応《はんのう》は意外《いがい》だった。嬉《うれ》しそうな顔一《かおひと》つせず、黙《だま》って座《すわ》ったのを見《み》て後悔《こうかい》の念《ねん》しきりに起《お》きる。

〝なんという失礼《しつれい》な。それで人間何十年《にんげんなんじゅうねん》、よくもやってこられたものだ〟手前《てまえ》みそな期待《きたい》を裏切《うらぎ》られた私《わたし》は、ヒゲの紳士《しんし》に胸《むね》を張《は》り、心《こころ》の中《なか》で叫《さけ》んでいた。

〝言《い》うは易《やす》く行《おこな》うは難《かた》し。おまえさんは言《い》うだけさ〟

そのとき聞《き》こえてきたのは、

「**修善《しゅぜん》も雑毒《ぞうどく》なるゆえに、虚仮《こけ》の行《ぎょう》とぞなづけたる**」。

醜《みにく》い心《こころ》の善《ぜん》しかできぬと懺悔《ざんげ》された親鸞聖人《しんらんしょうにん》のみ声《こえ》であった。

92

説法を聞いている時に、居眠りしてしまったアナリツ

その後の深い反省から、「釈迦十大弟子」に生まれ変わる

こともあろうにお釈迦《しゃか》さまの説法中《せっぽうちゅう》、弟子《でし》のアナリツが居眠《いねむ》りを始《はじ》めた。

説法後《せっぽうご》、呼《よ》ばれて釈迦《しゃか》は静《しず》かに言《い》われる。

「なにが目的《もくてき》で、仏道《ぶつどう》を求《もと》めているのか」

「はい。生死《しょうじ》の一大事《いちだいじ》の解決《かいけつ》のためでございます」

「そなたは良家《りょうけ》の出身《しゅっしん》ながら道心堅固《どうしんけんご》、どうして、居眠《いねむ》りなどしたのか」

釈迦《しゃか》の慈言《じげん》に決然《けつぜん》と、アナリツは誓《ちか》った。

「今後《こんご》、目《め》がただれようとも眠《ねむ》りはいたしません。どうか、お許《ゆる》しください」

その日《ひ》から、彼《かれ》の熱烈《ねつれつ》な修行《しゅぎょう》は暁《あかつき》に及《およ》んでも、決《けっ》して眠《ねむ》ることはなかった。続《つづ》いた不眠《ふみん》で、目《め》を患《わずら》った彼《かれ》に、

「琴《こと》の糸《いと》のように張《は》るべき時《とき》は張《は》り、緩《ゆる》むべき時《とき》は緩《ゆる》めねばならぬ。精進《しょうじん》も度《ど》がすぎると後悔《こうかい》する。怠《なま》けると煩悩《ぼんのう》がおきる。中道《ちゅうどう》を選《えら》ぶが良《よ》い」

のお釈迦《しゃか》さまのお諭《さと》しや、

「もう少《すこ》し、眠《ねむ》れば治《なお》る」

の侍医《じい》の強《つよ》い勧《すす》めもあったが、彼《かれ》は釈迦《しゃか》との誓《ちか》いを貫《つらぬ》き徹《とお》し、ついに両眼《りょうがん》を失明《しつめい》した。同時《どうじ》にしかし、深遠《しんえん》な心眼《しんがん》が開《ひら》け釈迦《しゃか》十大弟子《じゅうだいでし》の一人《ひとり》、阿那律尊者《あなりつそんじゃ》となっている。

まこと、不惜身命《ふしゃくしんみょう》である。

彼《かれ》がある時《とき》、衣《ころも》のほころびを繕《つくろ》おうとして、針《はり》に糸《いと》を通《とお》そうとするがかなわない。

そこで彼《かれ》は、周囲《しゅうい》に呼《よ》びかけた。

「誰《だれ》か、善《ぜん》を求《もと》めようと思《おも》う人《ひと》は、この針《はり》に糸《いと》を通《とお》してくだされ」

その時《とき》、

「ぜひ、私《わたし》にさせてもらいたい」

と申《もう》し出《で》られたのは、他《ほか》ならぬお釈迦《しゃか》さまだった。

阿那律《あなりつ》は、その声《こえ》に驚《おどろ》いて、

「世尊《せそん》は、すべての善《ぜん》と徳《とく》を成就《じょうじゅ》なされた方《かた》ではありませんか」。

畏《おそ》れて言《い》うと、釈迦《しゃか》は、

「仏《ほとけ》の覚《さと》りを開《ひら》けばとて、小善《しょうぜん》をおろそかにしてよい道理《どうり》がない。世《よ》の中《なか》で、善《ぜん》を求《もと》めること私《わたし》にすぐる者《もの》はない」

と答《こた》えられたという。

93

人のふり見て、我がふり直せ

「君のボタンも、はずれているよ……」

敗戦後《はいせんご》の、まだ車《くるま》の持《も》てない時《とき》のことである。活動《かつどう》にはバスや列車《れっしゃ》を利用《りよう》するしかなかった。

どうしたことか、その日《ひ》のバスは極《きわ》めて乗客《じょうきゃく》が少《すく》ない。好《す》きな座席《ざせき》を選《えら》んで、ゆったりと腰《こし》をおろした。

なにげなしに向《む》こう側《がわ》の席《せき》を見《み》ると五十《ごじゅう》くらいでもあろうか、紳士《しんし》のズボンのボタンが見事《みごと》に外《はず》れている。

ファスナーが今日《こんにち》のように、ふんだんに使《つか》われていなかった頃《ころ》である。

どうしようか暫《しばら》く考《かんが》えていたが、喜《よろこ》んでもらえればと思《おも》い切《き》って、紳士《しんし》の隣《となり》に席《せき》を移《うつ》し小声《こごえ》で伝《つた》えた。

異性《いせい》なら勿論《もちろん》こんな無粋《ぶすい》なことは許《ゆる》されるはずもないが、そこは年《とし》が違《ちが》っても男同士《おとこどうし》のこと、単刀直入遠慮《たんとうちょくにゅうえんりょ》はいらぬ。

とはいっても中《なか》には気《き》にさわるお方《かた》もあるだろうが、さすが紳士《しんし》というべきか。

ちょっと驚《おどろ》いたようではあったが、苦笑《くしょう》しながら一礼《いちれい》して、読《よ》んでいた雑《ざっ》誌《し》を前《まえ》に当《あ》てコソコソとボタンかけ作業《さぎょう》を終《お》えられた。

ほっとして元《もと》の席《せき》に戻《もど》った私《わたし》は、両足《りょうあし》をふんばるようにしながら腕《うで》を組《く》み、やれやれとあたりを見渡《みわた》した。

ところがである。

間《ま》もなくその紳士《しんし》、フラフラと私《わたし》の隣《となり》に来《き》て座《すわ》ったではないか。

なにごとかと緊張《きんちょう》する私《わたし》に、笑顔《えがお》で耳元《みみもと》に口《くち》を寄《よ》せてささやいた。

「君《きみ》のボタンもはずれているよ……」

はっと気《き》づいて股間《こかん》へ手《て》をやってみると、なんということか、自分《じぶん》のこそ全開状態《ぜんかいじょうたい》ではないか。

顔《かお》から火《ひ》がでるとは、こんなことをいうのだろう。

照《て》れ隠《かく》しに私《わたし》も、苦笑《くしょう》しながら軽《かる》く会釈《えしゃく》した。


「人《ひと》のふり見《み》て、我《わ》がふり直《なお》せ」

よくぞ古人《こじん》は言《い》ったもの。

分《わ》かり切《き》っているつもりの格言《かくげん》でも、毛頭《もうとう》おろそかにしてはならないぞと、
その時《とき》つくづく知《し》らされたものである。

94

人はみな、名誉を追って走り、利益を得ようと争っている

大河を往来する船は、一日に何百艘あるか

中国《ちゅうごく》の大河《たいが》、長江《ちょうこう》を展望《てんぼう》できる山上《さんじょう》に王宮《おうきゅう》があった。

日々《ひび》、何百艘《なんびゃくそう》の船《ふね》が往来《おうらい》しているのが一望《いちぼう》できる。

ある時《とき》、皇帝《こうてい》が側《そば》の宰相《さいしょう》に尋《たず》ねた。

「一日《いちにち》にこの河《かわ》を往来《おうらい》する船《ふね》は、何百艘《なんびゃくそう》ぐらいと思《おも》うか」

宰相《さいしょう》は即座《そくざ》に、こう答《こた》えている。

「はい天子様《てんしさま》。二艘《にそう》でございます」

「馬鹿者《ばかもの》、おまえの目《め》は節穴《ふしあな》か。朕《ちん》が現《げん》に見《み》えるだけでも何十艘《なんじっそう》もあるのに二艘《にそう》とはなにごとか」

「いいえ、名利《みょうり》の二艘《にそう》でございます。多《おお》くの船《ふね》が動《うご》いているように見《み》えますが、**名誉《めいよ》を得《え》るためか、利益《りえき》を得《え》るために動《うご》いている以外《いがい》にはございません。**故《ゆえ》に名利《みょうり》の二艘《にそう》だと申《もう》しあげたのでございます」

皇帝《こうてい》も宰相《さいしょう》の名答《めいとう》に深《ふか》く首肯《しゅこう》したという。

なんとか上《うえ》に立《た》ちたい、見下《みお》ろされたくない、世《よ》の脚光《きゃっこう》を浴《あ》びたいと学歴《がくれき》競争《きょうそう》、出世競争《しゅっせきょうそう》はエスカレートするばかり。遺跡発掘《いせきはっくつ》ねつ造事件《ぞうじけん》まで起《お》こす始末《しまつ》。

若《わか》さと美貌《びぼう》に命《いのち》が懸《か》かる女性《じょせい》は、危険《きけん》や苦痛《くつう》に耐《た》えても美容整形《びようせいけい》に大金《たいきん》を投《とう》ずる。

男《おとこ》も女《おんな》も朝《あさ》から寝《ね》るまで、周囲《しゅうい》の目《め》を気《き》にして心《こころ》の休《やす》まる時《とき》がないのも名《めい》誉欲《よよく》に動《うご》かされてのことである。

夏《なつ》のこと。井戸《いど》に冷《ひ》やしたスイカをとりに行《い》った爺《じい》さんが、過《あやま》って井戸《いど》へ落《お》ちた。

驚《おどろ》いた婆《ばあ》さんが、近所《きんじょ》から雇《やと》ってきた若者《わかもの》に助《たす》けさせようとすると、井戸《いど》の中《なか》からスイカを抱《かか》えて叫《さけ》んだそうだ。

「なんぼで雇《やと》うてきたんや。せいぜい、安《やす》うして貰《もら》えよ」

〝金《かね》こそ我《わ》が命《いのち》〟と、金《かね》を貯《た》めることを人生《じんせい》の目的《もくてき》としていた男《おとこ》があった。

銀行《ぎんこう》に預《あず》けると金《かね》の顔《かお》が見《み》られないので、専《もっぱ》らタンス預金《よきん》に徹《てっ》する。辛《つら》い一日《いちにち》の労働《ろうどう》から帰宅《きたく》すると、二階《にかい》に上《あ》がって一万円札《いちまんえんさつ》を部屋中《へやじゅう》に敷《し》き詰《つ》め、眺《なが》めるのが生《い》き甲斐《がい》だった。

男《おとこ》の貯蓄《ちょちく》は次第《しだい》に増《ふ》えて、今日《きょう》も階段《かいだん》の下《お》り口《くち》まで来《き》ていたことにも気《き》がつかず、一心不乱《いっしんふらん》に札《さつ》を並《なら》べているうちに階段《かいだん》から転落《てんらく》、首《くび》の骨《ほね》を折《お》って即死《そくし》した。手《て》には残《のこ》った札《さつ》が固《かた》く握《にぎ》られていたという。

ウソのようなホントの北陸《ほくりく》にあった話《はなし》である。

難関《なんかん》を突破《とっぱ》できたと喜《よろこ》んでいる人《ひと》、失敗《しっぱい》したと落《お》ち込《こ》んでいる者《もの》、マイホームを手《て》に入《い》れたと喜《よろこ》んでいる人《ひと》、家財《かざい》を焼失《しょうしつ》したと泣《な》く者《もの》、有名《ゆうめい》になれたと得意《とくい》になっている人《ひと》、悪口言《わるくちい》われたとしょげている者《もの》、思《おも》わぬ金《かね》が儲《もう》かったと喜《よろこ》んでいる人《ひと》、損《そん》させられたと怒《おこ》っている者《もの》。

名誉《めいよ》を追《お》って走《はし》っている。財産《ざいさん》を得《え》ようと争《あらそ》っている。

なるほど名利《みょうり》の他《ほか》にはないようだ。

95

一切のことは急いで急がず、急がずに急ぐことが大切

リスの暗示に励まされた釈迦

お釈迦《しゃか》さまが深《ふか》く世《よ》の無常《むじょう》を感《かん》じ、豪勢《ごうせい》な王宮《おうきゅう》を捨《す》てて山《やま》で修行《しゅぎょう》されていた時《とき》のことである。

一匹《いっぴき》のリスが湖水《こすい》のほとりで、尾《お》を水《みず》につけては出《だ》しつけては出《だ》ししている。不審《ふしん》に思《おも》われた釈迦《しゃか》は、リスに尋《たず》ねられた。

「おまえは、何《なに》をしているのか」

「私《わたし》はこの湖水《こすい》の水《みず》を、汲《く》み尽《つ》くそうと思《おも》っています」

リスの言葉《ことば》に驚《おどろ》かれて、お釈迦《しゃか》さまは、

「おまえのような小《ちい》さな尾《お》で一滴《いってき》二滴《にてき》汲《く》み出《だ》して、こんな大《おお》きな湖《みずうみ》の水《みず》をなくすることができると思《おも》うのか。何百年《なんびゃくねん》かかるか分《わ》からぬぞ」

と言《い》われると、リスは答《こた》えた。

「あなたのおっしゃるとおりでしょう。しかし、私《わたし》は五年《ごねん》や六年《ろくねん》してみてできなかったと断念《だんねん》するようなことは致《いた》しません。どんなに長《なが》い年月《ねんげつ》がかかりましょうとも、定《き》めた思《おも》いの通《とお》るまでは止《や》めない決心《けっしん》をしております」

リスの固《かた》い決意《けつい》に暗示《あんじ》を得《え》られた釈迦《しゃか》は、

「自分《じぶん》も今《いま》、このリスに勝《まさ》っても劣《おと》らぬ大願《だいがん》をおこしているのだ。たとえ何《なん》十年《じゅうねん》かかろうが、所期《しょき》の目的《もくてき》を果《は》たすまでは志《こころざし》を曲《ま》げてはならないぞ」

と修行《しゅぎょう》を続行《ぞっこう》し、ついに大覚《だいかく》（仏《ほとけ》の覚《さと》り）を成就《じょうじゅ》せられたのである。

リスは釈迦《しゃか》の求道心《きゅうどうしん》を試《ため》す帝釈天《たいしゃくてん》の変身《へんしん》であった。

あまりにも覚《さと》りが得《え》られないので、ついつい修行《しゅぎょう》を断念《だんねん》して王宮《おうきゅう》へ戻《もど》ろうかと考《かんが》えるようになった釈迦《しゃか》を見《み》て、よほど、固《かた》い決心《けっしん》がなければ成仏《じょうぶつ》という大願《だいがん》は成就《じょうじゅ》できないと、リスの姿《すがた》になって励《はげ》ましたのである。


めざす目的《もくてき》が素晴《すば》らしいものであればあるほど、「精神一到《せいしんいっとう》、何事《なにごと》か成《な》らざらん」の強《つよ》い決心《けっしん》が要請《ようせい》される。

同時《どうじ》に早《はや》く目的地《もくてきち》に着《つ》きたいために心《こころ》だけが先走《さきばし》って、あせったり無理《むり》したりすると、かえって疲労《ひろう》がひどくなったり、道《みち》を間違《まちが》えたりして結果《けっか》は逆《ぎゃく》になるものである。

一切《いっさい》のことは急《いそ》いで急《いそ》がず、急《いそ》がずに急《いそ》ぐことが大切《たいせつ》なのだ。

目的《もくてき》が大《だい》であればあるほど、脚下《きゃっか》を凝視《ぎょうし》し大地《だいち》を踏《ふ》み締《し》めてゆく心《こころ》がけが要諦《ようたい》なのである。

96

情けは人の為ならず 強いばかりが能ではない

織田信長と、徳川家康の違いは、どこにあったのか

織田《おだ》・徳川連合軍《とくがわれんごうぐん》と戦《たたか》い、武田勝頼《たけだかつより》が、天目山《てんもくざん》で討《う》ち死《じ》にしたときのことである。

勝頼《かつより》の家来《けらい》が、主君《しゅくん》の首級《しゅきゅう》をもって信長《のぶなが》の実検《じっけん》に差《さ》し出《だ》した。

勝頼《かつより》の首《くび》をにらみつけて信長《のぶなが》は、

「汝《なんじ》、若輩《じゃくはい》の身《み》をもって、天下《てんか》の豪将《ごうしょう》たる信長《のぶなが》に敵《てき》するとはふらち千万《せんばん》な

り」

と怒鳴《どな》って、勝頼《かつより》の首《くび》を思《おも》い切《き》り蹴《け》とばした。

そこに居合《いあ》わせた、勝頼《かつより》の家来《けらい》たちは言《い》うに及《およ》ばず、明智光秀《あけちみつひで》なども、信長《のぶなが》の冷酷《れいこく》さに肝《きも》を冷《ひ》やしたことであろう。

勝頼《かつより》の首級《しゅきゅう》は、次《つ》いで家康《いえやす》の元《もと》へ運《はこ》ばれた。

あらかじめそのことを知《し》って家康《いえやす》は、仏前《ぶつぜん》に灯明《とうみょう》をあげ香《こう》をたき、衣装《いしょう》を整《とと》えて待《ま》っていた。

家来《けらい》が差《さ》し出《だ》した勝頼《かつより》の首《くび》を家康《いえやす》はつくづく眺《なが》め、両眼《りょうがん》よりはらはらと落涙《らくるい》し、さながら生《い》ける人《ひと》に対《たい》するがごとく語《かた》りかけた。

「戦《たたか》いの常《つね》とはいいながら、まことに悲《かな》しいことである。これも武門《ぶもん》の習《なら》い是非《ぜひ》もない。

なろうことなら貴殿《きでん》と手《て》をとり合《あ》って、戦物語《いくさものがたり》でもしたいと思《おも》っていたが、武運《ぶうん》つたなく貴殿《きでん》は果《は》てられた」

勝頼《かつより》の首級《しゅきゅう》にとりついて、家康《いえやす》は男泣《おとこな》きに泣《な》いたという。

情《なさ》けは人《ひと》の為《ため》ならず。武士《ぶし》といえども強《つよ》いばかりが能《のう》ではない。最《もっと》も目《め》をかけた光秀《みつひで》のために、四十九歳《よんじゅうきゅうさい》の生涯《しょうがい》を火中《かちゅう》に葬《ほうむ》るという非業《ひごう》の最期《さいご》を遂《と》げた信長《のぶなが》と、徳川三百年《とくがわさんびゃくねん》の基礎《きそ》を築《きず》いた家康《いえやす》の相違《そうい》は、決《けっ》して偶然《ぐうぜん》ではなかったといえよう。

97

鶴に学んだ、健康長寿の秘訣

「食べ過ぎは短命のもと。常に、腹八分を心がけている」

信長に答えた老料理人

織田信長《おだのぶなが》が尾張《おわり》から決起《けっき》して天下《てんか》を取《と》り、京都《きょうと》へ乗《の》り込《こ》んで、羽振《はぶ》りを利《き》かしていた頃《ころ》である。

厨房役《ちゅうぼうやく》を引《ひ》き受《う》けていた料理人《りょうりにん》は、八十六歳《はちじゅうろくさい》の老人《ろうじん》だった。

ある日《ひ》、信長《のぶなが》がこの老料理人《ろうりょうりにん》を呼《よ》んで尋《たず》ねた。

「貴様《きさま》は八十六歳《はちじゅうろくさい》だというに、すこぶる達者《たっしゃ》だが、何《なに》か健康法《けんこうほう》でもあるのか」

「畏《おそ》れ入《い》ります。私《わたくし》はただ、料理人《りょうりにん》なるがゆえに達者《たっしゃ》でございます」

「それはまた、どういうワケだ。世間《せけん》でよく料理人《りょうりにん》は先《さき》に、いろんなおいしいものを食《く》い荒《あ》らすから余計《よけい》に短命《たんめい》だと聞《き》いているが、その方《ほう》はどうじゃ」

「私《わたくし》は長《なが》い間料理《あいだりょうり》一筋《ひとすじ》務《つと》めまして、儀式《ぎしき》か何《なに》かの場合《ばあい》によく鶴《つる》を使《つか》います。他《ほか》の鳥《とり》は、胃袋《いぶくろ》がはち切《き》れるほど食《く》っておりますが、この鳥《とり》はいつ料理《りょうり》いたしましても、胃袋《いぶくろ》には七分《しちぶ》しか食《た》べ物《もの》が入《はい》っておりませぬ。鶴《つる》の長命《ちょうめい》はこれに限《かぎ》る、人間《にんげん》も食《た》べ過《す》ぎてはいかぬと知《し》らされ、私《わたくし》は常《つね》に七《しち》、八分《はちぶ》より食《た》べないことにしております。

これは始終手《しじゅうて》にかけた鶴《つる》に教《おし》えられたことで、おかげで長命《ちょうめい》を保《たも》っております」

と答《こた》えたという。

オランダの名医《めいい》ブールハーフェの遺言集《ゆいごんしゅう》は大冊《たいさつ》だが、その表紙《ひょうし》には『医術《いじゅつ》の極意《ごくい》』と題《だい》し、最後《さいご》のページにはこう大書《たいしょ》してあった。

「頭寒足熱《ずかんそくねつ》　腹八分《はらはちぶ》」

七《しち》、八分《はちぶ》が良《よ》いのは、食《た》べ物《もの》ばかりのことではなく人生何事《じんせいなにごと》にもいえよう。

だれかれの見境《みさかい》もなく思《おも》うままに言《い》いすぎて失敗《しっぱい》したり、相談《そうだん》を受《う》けもせぬのにあれこれ指図《さしず》して嫌《きら》われる。

親切《しんせつ》も度《ど》がすぎれば迷惑《めいわく》となる。

貝原益軒《かいばらえきけん》もこう諭《さと》している。

「おもいを少《すく》なくして心《しん》を養《やしな》い、欲《よく》を少《すく》なくして精《たましい》を養《やしな》い、飲食《いんしょく》を少《すく》なくして胃《い》を養《やしな》い、言《ことば》を少《すく》なくして気《き》を養《やしな》うべし。これ養生四寡《ようじょうしか》なり」

98

「オレは近道が好きじゃやから」とは言っても、すべて通らねばならぬ道がある

少々《しょうしょう》の悪路《あくろ》でも、常《つね》に近道《ちかみち》を好《この》む男《おとこ》がいた。

宿屋《やどや》を早朝《そうちょう》、急《いそ》いで用足《ようた》しせずに出発《しゅっぱつ》したので、途中《とちゅう》、激《はげ》しい催便《さいべん》に悩《なや》まされた。

幸《さいわ》い野原《のはら》へさしかかったので、適当《てきとう》な所《ところ》がないかと探《さが》しながら行《ゆ》くと、道端《みちばた》に手《て》ごろな穴《あな》がある。

周囲《しゅうい》を見《み》ても誰《だれ》もいないので〝この穴《あな》で用足《ようた》ししよう〟と心《こころ》を決《き》めた。ちょうど、昼時《ひるどき》、どこかで昼食《ちゅうしょく》にしようと思《おも》っていた男《おとこ》は、同時《どうじ》に済《す》まして先《さき》を急《いそ》ごうと考《かんが》えた。入《い》れるのと出《だ》すのを一緒《いっしょ》に済《す》まそうというワケだ。穴《あな》をまたいで、持参《じさん》のおにぎりを食《た》べながら、男《おとこ》は気持《きも》ち良《よ》く用便《ようべん》した。

ところが、好事《こうじ》、魔多《まおお》しと言《い》うか、穴《あな》の底《そこ》には蜂《はち》の巣《す》があったのだ。平和《へいわ》な家庭《かてい》へドカドカと臭《くさ》いモノが落《お》ちてくる。蜂《はち》たちが一斉《いっせい》に怒《おこ》った。早速《さっそく》、出口《でぐち》に舞《ま》い上《あ》がって見《み》ると、変《へん》な口《くち》からまた落《お》ちそうになっている同類《どうるい》の一物《いちもつ》を発見《はっけん》。現行犯逮捕《げんこうはんたいほ》よろしく、特《とく》に軟《やわ》らかそうな所《ところ》を選《えら》んで、思《おも》いっきりハチの一刺《ひとさ》しを敢行《かんこう》する。驚《おどろ》くまいことか飛《と》び上《あ》がった男《おとこ》は、思《おも》わず食《た》べていたおにぎりを不覚《ふかく》にも穴《あな》に落《お》としてしまった。

拾《ひろ》ってみても、どうにもならぬ変《か》わり果《は》てたおにぎりを、ガッカリ顔《がお》で見《み》ていた男《おとこ》は、

〝うまくやった〟

とやがて手《て》を打《う》って喜《よろこ》んだという。

「どうせ食《た》べても腹《はら》を通《とお》して肛門《こうもん》から、やがてここへ落《お》とすのじゃ。オレは近道《ちかみち》が好《す》きじゃから」

一日《いちにち》の労働《ろうどう》を終《お》え独身男《どくしんおとこ》が帰宅《きたく》すると、隣《となり》から大好物《だいこうぶつ》のおはぎが五《いつ》つも届《とど》けられる。

ひどく腹《はら》ペコだった彼《かれ》は、早速《さっそく》五個《ごこ》のおはぎをペロリと平《たい》らげ大《おお》いに満腹《まんぷく》した。

ところが男《おとこ》は、そのとき、

「しまった。初《はじ》めの四個《よんこ》を食《た》べずに五《いつ》つ目《め》を最初《さいしょ》に食《た》べれば満腹《まんぷく》できて、後《あと》でまた四個《よんこ》食《た》べられたのに……」

と言《い》って悔《くや》しがったという。しかし、そんなわけにはいかぬ。

すべて通《とお》らねばならぬ道《みち》がある。

99

名君・徳川家光の人材育成法

真のウソと、偽りのウソを、聞き分けよ

子供の教育にも通じる大切なポイント

ある時《とき》、徳川家光《とくがわいえみつ》が庭《にわ》に舞《ま》い下《お》りた一羽《いちわ》の鳩《はと》を捕《と》らえさせ、側近《そっきん》の山本平九郎《やまもとへいくろう》に預《あず》けた。

平九郎《へいくろう》が籠《かご》をさげて帰宅途中《きたくとちゅう》、石《いし》につまずいて転《ころ》んだ拍子《ひょうし》に、籠《かご》の蓋《ふた》が開《ひら》いて鳩《はと》は天空高《てんくうたか》く飛《と》び去《さ》ってしまった。

翌日《よくじつ》、昨日《きのう》の鳩《はと》がまたもや庭《にわ》へやってきたので、家光《いえみつ》は再《ふたた》び捕《と》らえて籠《かご》に

いれ山本平九郎《やまもとへいくろう》を呼《よ》んで、さりげなく尋《たず》ねた。

「昨日《きのう》、そちに預《あず》けた鳩《はと》は元気《げんき》かな」

とっさに平九郎《へいくろう》おどろいたが、わざと平静《へいせい》を装《よそお》い、

「はい、自宅《じたく》でつつがなく飛《と》び回《まわ》っております」

と低頭《ていとう》した。

「このとおり、元気《げんき》に飛《と》び回《まわ》っているというのか」

家光《いえみつ》は、鳩《はと》の籠《かご》を平九郎《へいくろう》の眼前《がんぜん》に突《つ》きつける。

山本平九郎《やまもとへいくろう》みるみるうちに顔面蒼白《がんめんそうはく》、絶句《ぜっく》して恐懼《きょうく》した。

居合《いあ》わせた堀田正盛《ほったまさもり》と、朽木伊予守《くつきいよのかみ》は、

「上様《うえさま》をたばかるふらち者《もの》。ご存分《ぞんぶん》に仰《おお》せつけられるが、然《しか》るべしと存《ぞん》じます」

と半《なか》ば平九郎《へいくろう》を責《せ》め、半《なか》ば家光《いえみつ》を扇動《せんどう》する。

今《いま》にも手《て》が刀《かたな》の柄《つか》にかかるかと思《おも》いきや、一《ひと》思案《しあん》した家光《いえみつ》は、

「おまえたちに、言《い》い聞《き》かせたきことがある。総《そう》じて**人間《にんげん》のウソには、真《まこと》のウソと偽《いつわ》りのウソがある。**

何事《なにごと》か深《ふか》く企《たくら》んでいうのは真《しん》のウソで質《たち》が悪《わる》い。とっさの苦《くる》しまぎれか、心《こころ》ならずも、その場《ば》を繕《つくろ》うて言《い》うのが偽《いつわ》りのウソである。

平九郎《へいくろう》の今申《いまもう》したウソは、やがてはばれるウソなれど、昨日《きのう》預《あず》かった鳩《はと》をたちまち逃《に》がしたとは言《い》えないので、知《し》らず知《し》らず口《くち》から飛《と》び出《だ》したもので、これをもって、我《われ》らを欺《あざむ》き通《とお》そうなどとは夢《ゆめ》にも思《おも》わなかったであろう。ウソをよしとは決《けっ》していわぬが、質《たち》の悪《わる》いウソとそうでないウソとを聞《き》き分《わ》けねばならぬ。

平九郎《へいくろう》そうであるな。今《いま》のはつい浮《う》かびでたウソだろう」。

山本平九郎《やまもとへいくろう》は、主君《しゅくん》の温情《おんじょう》に「わぁんわぁん」と泣《な》いた。名君《めいくん》と謳《うた》われた家光《いえみつ》の一面《いちめん》であろう。

明《あき》らかにウソと分《わ》かっていても、質《たち》の悪《わる》いウソか、あまり問題《もんだい》にしなくてもよいものかを聞《き》き分《わ》けて、将来《しょうらい》を見据《みす》えた子供《こども》の教育《きょういく》が必要《ひつよう》であろう。

100

不屈の精神で勉学に励んだ勝海舟

八冊の洋書を写し終わるまで二年間、毎晩十二時以降に通う

かの江戸城《えどじょう》、無血開城《むけつかいじょう》の功労者《こうろうしゃ》・勝海舟《かつかいしゅう》は、すごい勉強家《べんきょうか》でも知《し》られる。長崎《ながさき》で外国《がいこく》の軍艦《ぐんかん》に乗《の》り組《く》み実地《じっち》に研究《けんきゅう》して、西洋《せいよう》の兵学《へいがく》の必要性《ひつようせい》を痛感《つうかん》し江戸《えど》へ戻《もど》ってきた。

ある日《ひ》、某書店《ぼうしょてん》に立《た》ち寄《よ》ると新刊《しんかん》の兵学《へいがく》の洋書《ようしょ》が目《め》にとまった。砂中《さちゅう》に宝石《ほうせき》を発見《はっけん》したように喜《よろこ》んだ彼《かれ》は、その代価《だいか》を尋《たず》ねると五十両《ごじゅうりょう》という。

海舟《かいしゅう》には、驚異《きょうい》の大金《たいきん》である。

しかし、この書《しょ》を逃《のが》しては航海者《こうかいしゃ》に灯台《とうだい》のないのと同《おな》じと思《おも》った海舟《かいしゅう》は、八方工面《はっぽうくめん》した金《かね》を持《も》って書店《しょてん》へ駆《か》けつけた。

ところがなんと〝昨日《きのう》売れてしまった〟と店主《てんしゅ》が言《い》う。

一度《いちど》は落胆《らくたん》したが、その購求者《こうきゅうしゃ》は四谷大番町《よつやおおばんちょう》の某《なにがし》であることが分《わ》かった。

早速訪《さっそくたず》ねて〝ぜひ、お譲《ゆず》り下《くだ》さい〟と懇願《こんがん》したが〝ゆずるくらいなら買《か》いはせぬ〟と、すげない返事《へんじ》。

ひと思案《しあん》した彼《かれ》は、ならば毎日参上《まいにちさんじょう》するから、〝ぜひ書写《しょしゃ》させていただきたい〟と両手《りょうて》をついた。うるさい奴《やつ》と思《おも》ったが、あまりの熱意《ねつい》に動《うご》かされて夜《よる》の十二時以後《じゅうにじいご》ならばと、しぶしぶ承諾《しょうだく》する。

海舟《かいしゅう》は厚《あつ》く喜《よろこ》びの礼《れい》をのべ、十二時以降《じゅうにじいこう》の来訪《らいほう》を依頼《いらい》し帰宅《きたく》した。

本所《ほんじょ》の錦糸堀《きんしぼり》の彼《かれ》の住所《じゅうしょ》から、大番町《おおばんちょう》までは八《はち》キロもある。よほどの健脚《けんきゃく》でも大変《たいへん》なのに深夜《しんや》の勉学《べんがく》だから容易《ようい》なことではない。

彼《かれ》はしかし、豪雨《ごうう》も暴風《ぼうふう》の夜《よる》も寒中《かんちゅう》も通《かよ》い続《つづ》け、八冊《はっさつ》の大部《たいぶ》を写《うつ》し終《お》わるのに二《に》カ年余《ねんあま》りかかっている。

初《はじ》めは面倒《めんどう》くさいと思《おも》っていた主人《しゅじん》も、月日《つきひ》を重《かさ》ねるにつれて、倦《う》まずたゆまぬ彼《かれ》の不屈《ふくつ》の精神《せいしん》に感服《かんぷく》する。

手元《てもと》にありながら、未《いま》だに読《よ》み切《き》れないこのような書籍《しょせき》を、我々《われわれ》ごとき凡《ぼん》眼《がん》の元《もと》に置《お》くのは勿体《もったい》ない、〝貴下《きか》に贈呈《ぞうてい》したい〟とまで申《もう》しでた。

すでに写了《しゃりょう》させていただいたのだからと、深《ふか》くご芳志《ほうし》に感謝《かんしゃ》し、彼《かれ》は辞退《じたい》したという。

101

九十九パーセントの正直も、一パーセントの不正直で崩れ去り、一生を棒にふる者が多い

加賀の前田公のメンタルテスト

百万石《ひゃくまんごく》で知《し》られる加賀《かが》（今《いま》の石川県《いしかわけん》）の前田公《まえだこう》。

ある夏《なつ》の夜《よる》、老臣数人《ろうしんすうにん》と中庭《なかにわ》を散策《さんさく》していたときのことである。

ふと立《た》ちどまった前田公《まえだこう》が、傍《かたわ》らの甲斐守《かいのかみ》を顧《かえり》みて言《い》った。

「あれを見《み》よ。あそこに一《ひと》つ、よく光《ひか》る星《ほし》があるだろう。甲斐《かい》にも見《み》えるか」

「ハッ、仰《おお》せのとおり、いかにもよく光《ひか》る星《ほし》がございます」

次《つぎ》に前田公《まえだこう》は、阿波守《あわのかみ》に、

「阿波《あわ》、そちにも見《み》えるか」。

「まことによく、見《み》えまする」

阿波守《あわのかみ》も畏《かしこ》まって申《もう》し上《あ》げる。

今度《こんど》は前田公《まえだこう》、土佐守《とさのかみ》に向《む》かって訊《き》いた。

「土佐《とさ》、そちにも見《み》えるであろうのう」

土佐守《とさのかみ》は、あちこちと見定《みさだ》めようとするけれども一向《いっこう》に見当《みあ》たらぬ。

「うといのか私《わたくし》には、そんな星《ほし》はどこにも見《み》えませぬ」

と答《こた》えると、

「それ、あの屋根《やね》の端《はし》のところじゃ。まだ見《み》えぬか」。

前田公《まえだこう》が重《かさ》ねて尋《たず》ねる。

土佐守《とさのかみ》、幾度《いくたび》も目《め》をこすって眺《なが》めても、それらしき何物《なにもの》も見《み》えない。

「おそれながら私《わたくし》には、とんと見《み》えませぬ」

恐縮《きょうしゅく》する土佐守《とさのかみ》に前田公《まえだこう》は、カラカラと笑《わら》ってこう言《い》ったという。

「土佐《とさ》は馬鹿《ばか》じゃから、見《み》えるという星《ほし》が見《み》えぬのじゃ。利口《りこう》な者《もの》は見《み》えぬ星《ほし》がよく見《み》えるのじゃ」

前田公《まえだこう》の皮肉《ひにく》なメンタルテストに見事合格《みごとごうかく》したのは、土佐守《とさのかみ》ただ一人《ひとり》だった。

甲斐守《かいのかみ》も阿波守《あわのかみ》も、主君《しゅくん》の意《い》に迎合《げいごう》するだけのオベッカ者《もの》にすぎない。

直心《ちょくしん》の持《も》ち主《ぬし》は土佐守一人《とさのかみひとり》であったのだ。


百《ひゃく》パーセントの正直《しょうじき》が出世《しゅっせ》の肝要《かんよう》といわれる。

九十九《きゅうじゅうきゅう》パーセントの正直《しょうじき》も一《いち》パーセントの不正直《ふしょうじき》で崩《くず》れ去《さ》り、一生《いっしょう》を棒《ぼう》にふる者《もの》が多《おお》い。

心《こころ》すべきこと。

102

つい本音をもらした大石内蔵助

濁った池に身を潜める魚を、じっと狙い続けるカワセミ

あの大石内蔵助《おおいしくらのすけ》にも、こんな不覚《ふかく》があったという。

仇討《あだう》ちを恐《おそ》れて吉良方《きらがた》では十重二十重《とえはたえ》に守《まも》りをかためているので、大石《おおいし》は相手《あいて》を欺《あざむ》くのに日々《ひび》廓《くるわ》あそびに耽《ふけ》った。

大石《おおいし》を深《ふか》く信《しん》じていた人《ひと》たちも、度《ど》のすぎる遊蕩三昧《ゆうとうざんまい》にあきれる。

「一体《いったい》、大石《おおいし》はどうしたのじゃ」

「酒《さけ》と女《おんな》に腰《こし》が抜《ぬ》けては、仇討《あだう》ちは無理《むり》じゃろ」

「人《ひと》は、あてにならんものじゃのお」

「いや、彼《かれ》の本心《ほんしん》は変《か》わっていない」

かねてから大石内蔵助《おおいしくらのすけ》に好意《こうい》をもっていた者《もの》たちまでもが、種々《しゅじゅ》に沙汰《さた》するほどだった。

その中《なか》の一人《ひとり》の賢《かしこ》い男《おとこ》が、

〝それとなく大石《おおいし》の本心《ほんしん》を探《さぐ》ってみよう〟

と一本《いっぽん》の掛《か》け軸《じく》を持《も》って、山科《やましな》へ出《で》かけてゆく。

内蔵助《くらのすけ》がいつも通《とお》る、道端《みちばた》の茶店《ちゃみせ》の親爺《おやじ》に、

「相変《あいか》わらず大石殿《おおいしどの》は、ここをお通《とお》りになるかな」

と尋《たず》ねると、

「お武家《ぶけ》さま、あんな者《もの》に大石殿《おおいしどの》と殿《との》などいりません。大石《おおいし》か軽石《かるいし》か漬物石《つけものいし》

か知《し》りませんが、まことに情《なさ》けない男《おとこ》です」

と大変《たいへん》な軽蔑《けいべつ》ぶり。

「まあまあ、そう言《い》うな。実《じつ》は、そなたに頼《たの》みがあるんじゃが」

「はい。私《わたし》にできることならなんなりと……」

「それでは大石殿《おおいしどの》がここを通《とお》られたら、この軸《じく》に賛《さん》を頼《たの》んでもらいたいのじゃ」

「へぇ！　サンですか。たしか大石《おおいし》は男《おとこ》だったと思《おも》いますが、男《おとこ》にお産《さん》させるんですか」

「いやいや、サンというのは軸《じく》の絵《え》に合《あ》った言葉《ことば》を書《か》いて貰《もら》うことなのじゃ」

「へぇ！　サンとは、字《じ》を書《か》いて貰《もら》うことですか」

「それでなあ、首尾《しゅび》よく大石殿《おおいしどの》に書《か》いてもらえたら、おまえに二十両《にじゅうりょう》の褒美《ほうび》を遣《つか》わす」

「へえ！　二十両《にじゅうりょう》も……」

それまで内蔵助《くらのすけ》が来《く》るとシオをまいていた男《おとこ》が、それからは、まだかまだかと待《ま》つようになった。

そこへ何時《いつ》ものように、フラフラに酔《よ》った大石《おおいし》が、女《おんな》たちに支《ささ》えられながらやって来《く》る。

今《いま》までとガラリと態度《たいど》を変《か》えた茶店《ちゃみせ》の親爺《おやじ》が、慇懃《いんぎん》に、

「大石《おおいし》さま、いつもご機嫌《きげん》うるわしゅうございます。つきましては私《わたし》、京《きょう》でこんな軸《じく》を求《もと》めて参《まい》りましたが、ぜひ大石《おおいし》さまに賛《さん》をお願《ねが》いしたいのですが……」。

深《ふか》く頭《あたま》を下《さ》げてたのむと、快《こころよ》く承諾《しょうだく》した大石《おおいし》は女《おんな》たちを外《そと》に待《ま》たせて独《ひと》り奥《おく》の間《ま》に入《はい》っていく。

ピシャリと襖《ふすま》を閉《し》めると同時《どうじ》にシャンとなった大石《おおいし》は、しばらく軸《じく》の絵《え》をジッと見《み》つめる。

そこには、濁《にご》った池《いけ》に身《み》を潜《ひそ》めている魚《さかな》を、狙《ねら》っているカワセミが描《えが》かれていた。カワセミは魚《さかな》を捕《と》る名手《めいしゅ》である。

やがてサラサラと書《か》き終《お》えて出《で》てきた内蔵助《くらのすけ》は、またぐでんぐでんに酔《よ》ったふりをしていたという。

墨痕鮮《ぼっこんあざ》やかに軸《じく》には、こう記《しる》されていた。

〝濁《にご》りえの　にごりに　魚《うお》はひそむとも
　などかわせみの　とらでおくべき〟

にごりえに潜《ひそ》む魚《さかな》を吉良上野介《きらこうずけのすけ》にみたて、狙《ねら》うカワセミを己《おのれ》に引《ひ》き当《あ》てての大石内蔵助《おおいしくらのすけ》の決意《けつい》であった。

帰宅《きたく》した内蔵助《くらのすけ》が、ついつい本音《ほんね》を漏《も》らしたことに気《き》がつき、こう叫《さけ》んだという。

「大石一生《おおいしいっしょう》の不覚《ふかく》じゃ。だれかあの軸《じく》を五十両《ごじゅうりょう》でも百両《ひゃくりょう》でもよい。早《はや》く買《か》い求《もと》めてくるのだ」

すぐに家来《けらい》が飛《と》んだが後《あと》の祭《まつ》り。すでに掛《か》け軸《じく》は人手《ひとで》に渡《わた》っていた。

もし吉良側《きらがわ》の手《て》に渡《わた》っていたら、あの仇討《あだう》ちは成功《せいこう》していたかどうかとさえ言《い》われている。

103

コーモリ傘をさしたのに、全身ずぶ濡れになったお爺さん

聞き誤りが、どれだけ人間関係を損ねていることか

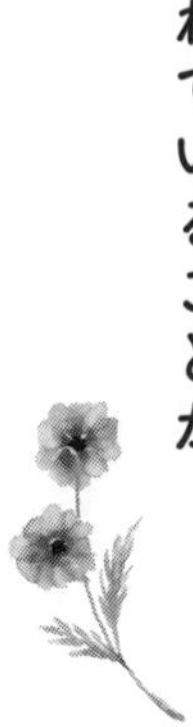

昔《むかし》、山奥《やまおく》に住《す》む老夫婦《ろうふうふ》のユメは、東京見物《とうきょうけんぶつ》だった。
そろって行《ゆ》くと経費《けいひ》が重《おも》くて、とても実現《じつげん》は難《むずか》しかった。
そこで〝珍《めずら》しい土産《みやげ》を買《か》ってくるから〟と、婆《ばあ》さんを説得《せっとく》して、一人《ひとり》で東《とう》京《きょう》に出《で》かけた爺《じい》さんの目《め》にとまったのは、見《み》たことのないコーモリ傘《がさ》だった。初《はじ》めて輸入《ゆにゅう》された頃《ころ》である。婆《ばあ》さんの土産《みやげ》に良《よ》い物《もの》が見《み》つかったと喜《よろこ》んだ

爺《じい》さんは、早速《さっそく》、店《みせ》へ飛《と》び込《こ》んだ。

「こりゃ一体《いったい》、なにするもんじゃ」

「これは最近《さいきん》、西洋《せいよう》から入《はい》ってきたコーモリというものでね。これさえさしておれば、どんな雨《あめ》でも身体《からだ》が濡《ぬ》れませんよ」

「ほ！　これをさしてさえおればね。雨《あめ》に濡《ぬ》れない……」

村《むら》でもだれも知《し》るまい。驚《おどろ》かせてやろうとすぐに買《か》い求《もと》め意気揚々《いきようよう》と帰宅《きたく》した。

「あんた、珍《めずら》しい物《もの》あったかい」

「ああ、だれも知《し》らぬ物《もの》を買《か》ってきたぞ。びっくりするな。そらこれだ」

待《ま》ち構《かま》えていた婆《ばあ》さんが、差《さ》し出《だ》す爺《じい》さんのコーモリ傘《がさ》を見《み》て、

「こりゃ一体《いったい》、なにするもんじゃね」。

「これはなぁ婆《ばあ》さん。雨《あめ》の降《ふ》った時《とき》にさす物《もの》じゃ。これさえさしておれば、

どんな雨《あめ》でも濡《ぬ》れんのじゃそうな」

「へえ！　そんな重宝《ちょうほう》な物《もの》かい。早《はや》く大雨降《おおあめふ》らんかいなぁ爺《じい》さん。村《むら》のもんにも見《み》せてやりたいね」


待望《たいぼう》の雨《あめ》が、やがて沛然《はいぜん》と降《ふ》ってきた。

豪雨《ごうう》の中《なか》をコーモリ傘《がさ》をさしたお爺《じい》さん、喜《よろこ》び勇《いさ》んで村中《むらじゅう》を一巡《いちじゅん》して帰《かえ》ってきた。

見《み》ると、全身《ぜんしん》ずぶ濡《ぬ》れではないか。呆《あき》れたお婆《ばあ》さん、

「あんた東京《とうきょう》の人《ひと》にダマサレてきたのやね。それさえさしておれば、どんな雨《あめ》でも濡《ぬ》れんちゅうとったでないのぉ！」。

言《い》われてお爺《じい》さん、すっかりしおれてしまった。

さすはさすでも、刀《かたな》のように腰《こし》にさしていたという。

これでは濡《ぬ》れるはずである。

聞《き》き誤《あやま》りが、どれだけ人間関係《にんげんかんけい》を損《そこ》なっているこ とだろう。

104

夫婦ゲンカは、犬も食わぬ

「殺すぞ」「実家に帰る」と言うのも愛情のうち、なのか

よく喧嘩《けんか》していた菓子屋《かしや》の若《わか》い夫婦《ふうふ》があった。

この日《ひ》も、どちらが悪《わる》いというのではないが、ふとしたことから口争《くちあらそ》いとなり叫喚怒号《きょうかんどごう》となり、ついに亭主《ていしゅ》は、女房《にょうぼう》を殺《ころ》すと言《い》う。女房《にょうぼう》は、殺《ころ》すなら殺《ころ》せと激昂《げっこう》する。

たまたま通《とお》りかかった寺《てら》の和尚《おしょう》、また始《はじ》まったなと思《おも》って、

「どうしたんだ。大《おお》きな声《こえ》を張《は》りあげて、通《とお》りがかりの人《ひと》に恥《は》ずかしいとは思《おも》わんか。やめなさい、やめなさい」

と仲裁《ちゅうさい》すると、亭主《ていしゅ》は、

「今度《こんど》という今度《こんど》は勘弁《かんべん》ならん。捨《す》てておいてください。今日《きょう》こそ嬶《かかあ》を叩《たた》き殺《ころ》してやる」

と目《め》を釣《つ》り上《あ》げてわめき立《た》てる。

「和尚《おしょう》さん、放《ほう》っておいてください。さあ殺《ころ》せるものなら殺《ころ》してみろ」

女房《にょうぼう》も女房《にょうぼう》で、噛《か》みつかんばかりに逆上《ぎゃくじょう》し切《き》っている。こうなっては手《て》のつけようがない。和尚《おしょう》も思案《しあん》にあまって、

「じゃ、お互《たが》い気《き》の済《す》むまで喧嘩《けんか》するがよい。これほど止《と》めても聞《き》き入《い》れぬなら仕方《しかた》がない。殺《ころ》すとも殺《ころ》されるとも、勝手《かって》にしたらよかろう」。

いつの間《ま》にか店先《みせさき》に近所《きんじょ》の子供《こども》たちが集《あつ》まって、派手《はで》な夫婦喧嘩《ふうふげんか》を見物《けんぶつ》し

ている。

なに思《おも》ったか和尚《おしょう》、店先《みせさき》に並《なら》べてあった菓子箱《かしばこ》の一《ひと》つを取《と》り上《あ》げて、

「さぁさぁ、よいか、おまえたちにこの菓子《かし》をみんなやるから、持《も》ってゆけ」

と投《な》げ与《あた》えた。

これを見《み》た菓子屋《かしや》の夫婦《ふうふ》が驚《おどろ》いた。

「もしもし和尚《おしょう》さん、そんな無断《むだん》で店《みせ》のものをやっては困《こま》ります。明日《あした》から私《わたし》たち、商売《しょうばい》できなくなるじゃありませんか」

「なに、私《わたし》たちの商売《しょうばい》、なんと訳《わけ》の分《わ》からぬ話《はなし》じゃ。おまえさんらは殺《ころ》すとか殺《ころ》されるとか言《い》っていたはずじゃなかったのか。

人《ひと》を殺《ころ》せば刑務所《けいむしょ》へゆく身《み》じゃ、してみればおまえさんたちに用《よう》のない菓《か》子《し》。死後《しご》の追善供養《ついぜんくよう》のためにも、今《いま》のうちに子供《こども》たちを喜《よろこ》ばせておいた方《ほう》が

よかろうと思《おも》ってな、施《ほどこ》しているところじゃや」

ここにも若《わか》い夫婦《ふうふ》がケンカして、涙《なみだ》ながらに妻《つま》が実家《じっか》へ帰《かえ》ると言《い》い出《だ》した。

荷物《にもつ》をまとめる彼女《かのじょ》に、

「ほれ、交通費《こうつうひ》だ」

と夫《おっと》が投《な》げ与《あた》えたカネを女房《にょうぼう》が数《かぞ》えて、

「これじゃ、片道分《かたみちぶん》しかないじゃないの」

と言《い》ったという。

〝犬《いぬ》も食《く》わぬ〟と言《い》われるはずである。

105

一身を捨ててかかれば、何事も成就せぬことはない

果たし合いを申し込まれた武士の覚悟

武士《ぶし》とはいえ一向《いっこう》に、剣《けん》の素養《そよう》も仕合《しあ》い度胸《どきょう》もない男《おとこ》がいた。

ある日往来《ひおうらい》で、事《こと》もあろうに百人斬《ひゃくにんぎ》りを試《ため》さんとしている荒武者《あらむしゃ》に、果《は》たし合《あ》いを申《もう》しこまれたのだ。

剣《けん》で立《た》つ武士《ぶし》の身《み》、売《う》られた仕合《しあ》い逃《に》げるわけにはゆかぬ。困《こま》り果《は》てたすえ主人《しゅじん》の用《よう》に事《こと》よせて、しばしの余裕《よゆう》を請《こ》い、近《ちか》くの剣道《けんどう》の達人《たつじん》を訪《たず》ねた。

一切《いっさい》の事情《じじょう》を打《う》ち明《あ》け、武士《ぶし》としての仕合《しあ》いの心得《こころえ》と、最上《さいじょう》の斬《き》られ方《かた》、死《し》に方《かた》の伝授《でんじゅ》を願《ねが》いでた。

達人《たつじん》も覚悟《かくご》のほどに感服《かんぷく》し、仕合《しあ》い前《まえ》の作法《さほう》から着物《きもの》のたたみ方《かた》までねんごろに指導《しどう》し、最後《さいご》に、相打《あいう》ちの法《ほう》というのを教《おし》えた。

身《み》を斬《き》らせて骨《ほね》を断《た》つ。己《おのれ》の命《いのち》も捨《す》てるが相手《あいて》の生命《いのち》も必《かなら》ず断《た》つという、相打《あいう》ちの法《ほう》である。

「まず敵《てき》の、五《ご》、六歩《ろっぽ》前《まえ》で大上段《だいじょうだん》に身構《みがま》える。後《のち》、静《しず》かに両目《りょうめ》を閉《と》じ心眼《しんがん》を開《ひら》いて一心《いっしん》に相手《あいて》の斬《き》り込《こ》むのを待《ま》つ。敵《てき》の剣気《けんき》を感《かん》ずると同時《どうじ》に、己《おのれ》の太刀《たち》を思《おも》い切《き》り打《う》ちおろす。

されば我《わ》が身《み》も斬《き》られようが相手《あいて》の身体《からだ》も、まっ二《ぷた》つになるであろう」

武士《ぶし》は達人《たつじん》に深謝《しんしゃ》して約束《やくそく》の場所《ばしょ》へ行《ゆ》くと、件《くだん》の武士《ぶし》は、すでに用意万端《よういばんたん》まち構《かま》えていた。

すでに覚悟《かくご》を決《けっ》していた武士《ぶし》は、今《いま》し方教導《がたきょうどう》されたとおりに作法正《さほうただ》しく着物《きもの》をたたみ、堂々《どうどう》と進《すす》み出《で》て大上段《だいじょうだん》に身構《みがま》え、懸命《けんめい》に相手《あいて》の動《うご》きに専心《せんしん》し機《き》を待《ま》った。

ところがなかなか打《う》って来《く》る気配《けはい》はなく、一向《いっこう》に剣気《けんき》が湧《わ》かぬ。

やがて、おいおい集《あつ》まってきた大衆《たいしゅう》のどよめきとともに、

「参《まい》った」

という声《こえ》が聞《き》こえたので、目《め》を開《ひら》いて驚《おどろ》いた。

「実《じつ》に恐《おそ》れ入《い》ったお手並《てな》み、到底《とうてい》、我《わ》が輩《はい》などの及《およ》ぶところではござらぬ。その気合《きあい》、寸分《すんぶん》の隙《すき》もない構《かま》え、何《なに》とぞその極意《ごくい》を教《おし》えてくだされ」

脂汗《あぶらあせ》にまみれた荒武者《あらむしゃ》が、眼前《がんぜん》に平身低頭《へいしんていとう》していたという。

背水《はいすい》の陣《じん》ともいう。捨《す》て身《み》ほどおそろしいものはない。
一身《いっしん》を捨《す》ててかかれば何事《なにごと》も成就《じょうじゅ》せぬことはないのである。

散るときが
浮かぶときなり
蓮の花

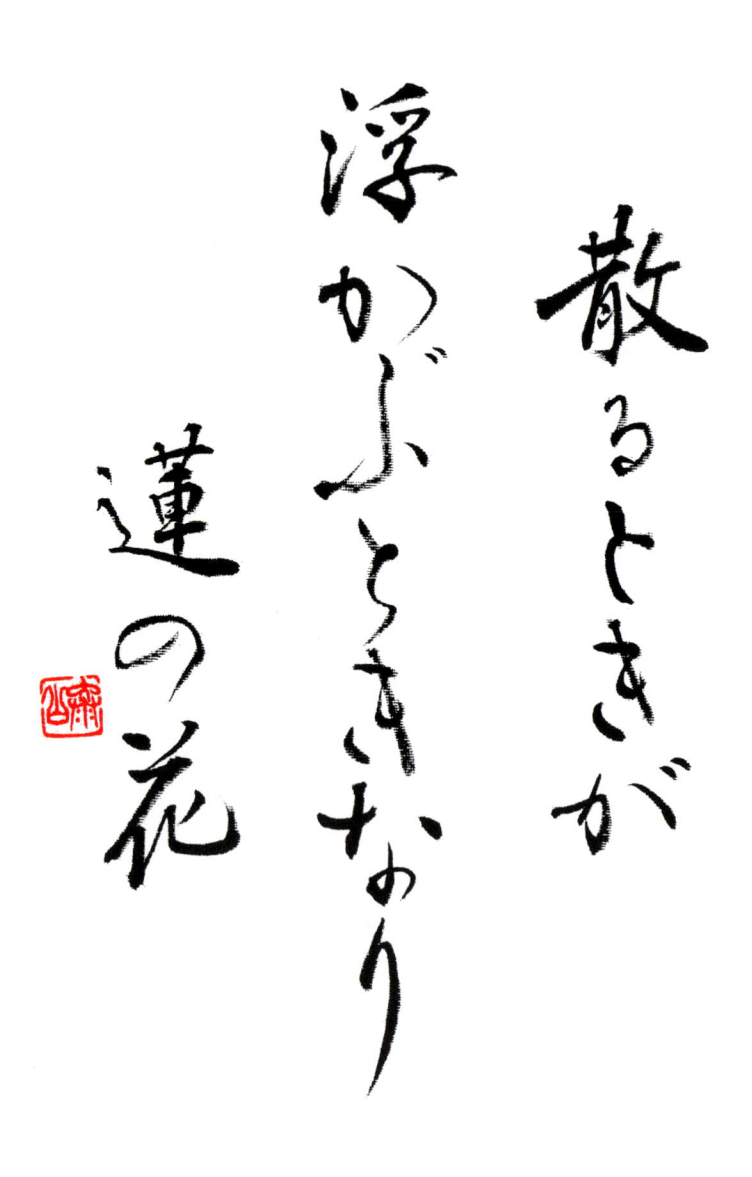

106

一切のことに細心の配慮を注ぎ、機転をきかさねば、大成できない

田沼意次の少年時代

ある年《とし》の正月《しょうがつ》、江戸城《えどじょう》でのことである。

将軍《しょうぐん》・吉宗《よしむね》が諸侯《しょこう》の新年拝賀《しんねんはいが》の礼《れい》を受《う》けるにさきだち、式場《しきじょう》の検分《けんぶん》をしようと小姓《こしょう》を従《したが》えて書院《しょいん》へいってみた。

ちょうど、青銅《せいどう》の大火鉢《おおひばち》に火《ひ》を盛《も》ろうとしていた表坊主《おもてぼうず》が、にわかに現《あらわ》れた将軍《しょうぐん》の姿《すがた》に狼狽《ろうばい》し、思《おも》わず十能《じゅうのう》（炭火《すみび》を運《はこ》ぶ用具《ようぐ》）から大《おお》きな火《ひ》の塊《かたまり》を畳《たたみ》

の上《うえ》に落《お》としてしまった。

「あっ」と叫《さけ》んだが、どうしようもない。

早《はや》くも火《ひ》は畳《たたみ》に燃《も》え付《つ》き、煙《けむり》を噴《ふ》きはじめた。

その時《とき》である。

将軍《しょうぐん》の後《うし》ろにいた十二《じゅうに》、三歳《さんさい》の小姓《こしょう》の一人《ひとり》が、つと走《はし》りでて、畳《たたみ》の火《ひ》を自《じ》分《ぶん》の振《ふ》り袖《そで》でつかみとり、縁側《えんがわ》から庭《にわ》へ投《な》げ捨《す》て、袖《そで》へ移《うつ》った火《ひ》は手水鉢《ちょうずばち》の水《みず》を注《そそ》いで消《け》しとめた。

小姓《こしょう》の機転《きてん》に一同《いちどう》、ホッと息《いき》をつく。

将軍《しょうぐん》はつくづく小姓《こしょう》を眺《なが》め、

「龍助《りゅうすけ》、立《た》って、手《て》をあげよ」。

「はい」

「向《む》こうを向《む》け」

「はい」

「不思議《ふしぎ》じゃのう。おまえ、袖《そで》についた火《ひ》を水《みず》で消《け》したであろう」

「はい、さようでございます」

「それなのにおまえの袖《そで》に焦《こ》げ跡《あと》もなく、水《みず》に濡《ぬ》れたところもないではないか」

「いいえ、ございます。ごらんください」

龍助《りゅうすけ》は、黒々《くろぐろ》と焦《こ》げ跡《あと》のある水《みず》に濡《ぬ》れた下着《したぎ》の袖《そで》を抜《ぬ》きだしてみせた。上着《うわぎ》を損《そん》じては、今日《きょう》のご用《よう》を欠《か》かさねばならぬ。とっさにそれを分別《ふんべつ》して、下着《したぎ》の袖《そで》で火《ひ》をつかんだ機知《きち》に、将軍《しょうぐん》はすっかり感心《かんしん》する。

この龍助少年《りゅうすけしょうねん》こそ、小身《しょうしん》の小姓《こしょう》から身《み》を起《お》こして大名《だいみょう》となり、老中首席《ろうじゅうしゅせき》を占《し》めて、権威《けんい》飛《と》ぶ鳥《とり》を落《お》とすといわれた田沼意次《たぬまおきつぐ》である。

一切《いっさい》のことに細心《さいしん》の配慮《はいりょ》を注《そそ》ぎ、機転《きてん》をきかさねば大成《たいせい》できないのは、決《けっ》して昔《むかし》の武士《ぶし》だけのことではない。

107 できもしないことを口先だけで、シャアシャアとしゃべりまくる

そんな者は、死んで、何に生まれ変わるのか

昔《むかし》、ある所《ところ》の二人《ふたり》の僧《そう》。

同《おな》じ年《とし》に生《う》まれ、同《おな》じ時《とき》に同《おな》じ師《し》につかえ、いつも同《おな》じ所《ところ》で同《おな》じ教《おし》えを学《まな》び、同《おな》じように偉《えら》くなって、説法《せっぽう》して回《まわ》り、有名《ゆうめい》になった。

ある晩《ばん》一人《ひとり》が、しみじみと話《はな》しかける。

「おまえとオレは今《いま》までは何事《なにごと》も一緒《いっしょ》だったが、死《し》ぬ時《とき》は別々《べつべつ》かもしれぬ。

早《はや》く死《し》んだほうが生《い》きている者《もの》の夢枕《ゆめまくら》に立《た》って、生《う》まれ変《か》わって、何《なに》になったかを知《し》らせることにしようじゃないか」

「それは面白《おもしろ》いアイデアだ。かりに一人《ひとり》が天人《てんにん》に生《う》まれたら、次《つぎ》に死《し》ぬ者《もの》も同《おな》じ天人《てんにん》に生《う》まれるわけだからなぁ」

二人《ふたり》は固《かた》く誓《ちか》い合《あ》った。


間《ま》もなく一人《ひとり》の僧《そう》が急死《きゅうし》した。悲《かな》しみながらも残《のこ》った僧《そう》は、そろそろあいつが夢《ゆめ》に現《あらわ》れる頃《ころ》だと待《ま》っていた。

しかし一年《いちねん》たっても音沙汰《おとさた》がない。

〝あいつ、約束《やくそく》を忘《わす》れやがったな〞と思《おも》いながら休《やす》んだ夜《よる》、大《おお》きい図体《ずうたい》の奇《き》妙《みょう》な姿《すがた》が夢《ゆめ》に現《あらわ》れ、こう言《い》った。

「約束《やくそく》どおり知《し》らせに来《き》た。エンマの調《しら》べが意外《いがい》に長引《ながび》いて、ようやく今判《いまはん》決《けっ》が出《で》たのだ。

ご覧《らん》のとおりオレは、口《くち》だけの野槌《のづち》になってしまった。情《なさ》けないありさまだ。おまえも必《かなら》ず野槌《のづち》になるぞ。

できもせんことを口先《くちさき》だけで、シャアシャアとしゃべくりまくった結果《けっか》だと判決《はんけつ》にはあった」

さめざめと野槌《のづち》は悶《もだ》え泣《な》いたが、目《め》がないので涙《なみだ》は一滴《いってき》もでなかったらしい。

野槌《のづち》というのは、古代中国《こだいちゅうごく》の伝説《でんせつ》によると大《おお》きな軟体《なんたい》で、目《め》も鼻《はな》も手足《てあし》もなく全体《ぜんたい》が丸《まる》ごと口《くち》の奇怪《きかい》な動物《どうぶつ》だという。

グロテスクも、ここに極《きわ》まるというべき代物《しろもの》である。

テレビの放談《ほうだん》などで、誉《ほま》れ高《たか》いといわれる人達《ひとたち》の速射砲《そくしゃほう》のような饒舌《じょうぜつ》を聞《き》くと、まことに華《はな》やかで立派《りっぱ》だが、この人《ひと》たちも野槌《のづち》になるのかと思《おも》うと、そぞろ哀《あわ》れである。

自戒《じかい》すべきこと。

108

吉崎炎上と本光房了顕

「そなたに守られた親鸞聖人《しんらんしょうにん》の著作は、必ずや世界の光となって、人々を真実の幸福に導くであろう」

蓮如上人《れんにょしょうにん》の北陸布教《ほくりくふきょう》の基地《きち》、吉崎御坊《よしざきごぼう》（福井県《ふくいけん》）が炎上《えんじょう》したのは文明六年《ぶんめいろくねん》三月二十八日《さんがつにじゅうはちにち》のことだった。

六十歳《ろくじっさい》に達《たっ》せられ、とかく日常《にちじょう》の挙動《きょどう》さえも、もの憂《う》き頃《ころ》の上人《しょうにん》は、

「火事《かじ》だ！」

と聞《き》かれるや、取《と》るものも取《と》りあえず外《そと》へ飛《と》び出《だ》される。

「しまった！」

大《おお》きく叫《さけ》ばれたのはその直後《ちょくご》であった。

どんな人《ひと》にも不覚《ふかく》はあるもの。

拝読中《はいどくちゅう》の親鸞聖人《しんらんしょうにん》の真筆《しんぴつ》『教行信証《きょうぎょうしんしょう》』「証《しょう》の巻《まき》」を、居間《いま》に置《お》き忘《わす》れられたのである。

あまりの失態《しったい》に驚《おどろ》き、取《と》りに戻《もど》ろうとされる決死《けっし》の上人《しょうにん》を、弟子《でし》の本光房《ほんこうぼう》は見《み》のがさなかった。

「お師匠《ししょう》さま。私《わたくし》にお任《まか》せください。必《かなら》ずお守《まも》り申《もう》します」

叫《さけ》ぶや否《いな》や脱兎《だっと》のごとく、黒煙渦巻《こくえんうずま》く猛火《もうか》に躍《おど》りこんだ。

地獄《じごく》の炎《ほのお》の中《なか》をくぐり抜《ぬ》け、やっとの思《おも》いで上人《しょうにん》の居間《いま》にたどり着《つ》いた本《ほん》光房《こうぼう》は、無事《ぶじ》であった聖教《しょうぎょう》をしっかりと握《にぎ》りしめ安堵《あんど》した。

が、時《とき》すでに火《ひ》は八方《はっぽう》に回《まわ》り、脱出《だっしゅつ》する術《すべ》は絶《た》えていた。

「大事《だいじ》なお聖教《しょうぎょう》をお守《まも》りし、上人《しょうにん》の御心《みこころ》を安《やす》んじ奉《たてまつ》るには、今《いま》はこれまで」
悲壮《ひそう》な覚悟《かくご》をした本光房《ほんこうぼう》は、やおら懐剣《かいけん》を取《と》り出《だ》し腹十文字《はらじゅうもんじ》にかき切《き》り、臓腑《ぞうふ》の中深《なかふか》く聖教《しょうぎょう》を押《お》し込《こ》み、五体《ごたい》を残忍《ざんにん》な火炎《かえん》にまかせた。

火《ひ》が鎮《しず》まり、上人《しょうにん》の居間《いま》あたりに焼死体《しょうしたい》が静《しず》かに横《よこ》たわっていた。

黒焦《くろこ》げの死骸《しがい》からは、不思議《ふしぎ》にも護法《ごほう》の血《ち》に染《そ》まった聖教《しょうぎょう》が、無傷《むきず》のままで発見《はっけん》された。

無残《むざん》な焼《や》け跡《あと》に立《た》たれた蓮如上人《れんにょしょうにん》は、愛《いと》しい本光房《ほんこうぼう》の死骸《しがい》を撫《な》でながら、

「本光房《ほんこうぼう》よ。そなたの勇猛果敢《ゆうもうかかん》な殉教《じゅんきょう》に、蓮如《れんにょ》、心《こころ》からお礼《れい》を言《い》うぞ。

そなたに守《まも》られた親鸞聖人《しんらんしょうにん》の著作《ちょさく》は、必《かなら》ずや世界《せかい》の光《ひかり》となって、人々《ひとびと》を真《しん》実《じつ》の幸福《こうふく》に導《みちび》くであろう」。

その涙《なみだ》はとめどもなくキラキラと、夕日《ゆうひ》に輝《かがや》いていた。

真実《しんじつ》に死《し》ぬる者《もの》は、永遠《えいえん》に生《い》き抜《ぬ》く無上人《むじょうにん》である。

109

他人の批評に一喜一憂していては、何事も成し遂げることができない

小馬を売りにいった親子

勘太郎《かんたろう》と勘助《かんすけ》は、いずれ劣《おと》らぬ親《おや》バカ子《こ》バカであった。

農業《のうぎょう》を営《いとな》んでいたが、何《なに》をやっても失敗《しっぱい》ばかりで家財道具《かざいどうぐ》まで食《く》いつめた。

残《のこ》ったのは一頭《いっとう》の小馬《こうま》だけ。親子相談《おやこそうだん》の末《すえ》、その小馬《こうま》も町《まち》へ売《う》りに行《ゆ》くことになった。

しばらく行《ゆ》くと、すれ違《ちが》った男《おとこ》がささやいた。

「大《おお》きな男《おとこ》が二人《ふたり》で馬《うま》を引《ひ》っ張《ぱ》っていくより、だれか一人《ひとり》乗《の》ってゆけばよいのに……」

それもそうだと思《おも》った父親《ちちおや》の勘太郎《かんたろう》は、

「おい勘助《かんすけ》、おまえ乗《の》れ。オレが引《ひ》いてやろう」

と息子《むすこ》を馬《うま》に乗《の》せる。

また行《ゆ》くと旅人《たびびと》がしゃべりながら通《とお》った。

「あの息子《むすこ》は年老《としお》いた親父《おやじ》に馬《うま》を引《ひ》かせて、己《おのれ》が気楽《きらく》に乗《の》っている。何《なん》と親《おや》不孝《ふこう》な奴《やつ》だろう」

勘太郎《かんたろう》は、なるほどと思《おも》って、

「おい勘助《かんすけ》、オレが乗《の》る。おまえ引《ひ》っぱれ」

と自分《じぶん》が乗《の》った。

またすれ違《ちが》った人《ひと》がつぶやいていく。

「あの親父《おやじ》、若《わか》いもんに引《ひ》かして我《わ》が身《み》が平気《へいき》で乗《の》っている。無慈悲《むじひ》な親《おや》じやのう」

勘太郎《かんたろう》、またまたなるほどそうだと感心《かんしん》して、

「勘助《かんすけ》、おまえも一緒《いっしょ》に乗《の》らんか」

と二人《ふたり》が一緒《いっしょ》に小馬《こうま》に乗《の》った。

また旅人《たびびと》がささやいた。

「まあ、ひどい親子《おやこ》もあるものだ。あんな小《ちい》さな馬《うま》に大《だい》の男《おとこ》が二人《ふたり》も乗《の》って、なんと無茶《むちゃ》な奴《やつ》らだろう」

また親子《おやこ》ともにうなずいて、小馬《こうま》の足《あし》をくって二人《ふたり》でかついで町《まち》まで行《い》った。

あこそこと売《う》り歩《ある》いたが、だれも買《か》う者《もの》はいなかった。

そのうちに、長《なが》い橋《はし》を渡《わた》っているところへやってきた自動車《じどうしゃ》に驚《おどろ》いて、馬《うま》

が川《かわ》の中《なか》に落《お》ちて死《し》んでしまったという。

他人《ひと》の意見《いけん》に、静《しず》かに耳《みみ》を傾《かたむ》ける度量《どりょう》も必要《ひつよう》だが、**他人《ひと》の批評《ひひょう》に一喜一憂《いっきいちゆう》していては、何事《なにごと》も成《な》し遂《と》げることはできない。**

110

無法な横恋慕に、一世の美女が選んだ道

『平家物語』の時代に、世を騒がせた事件

北面《ほくめん》の武士《ぶし》・遠藤盛遠《えんどうもりとお》は、ひときわ美《うつく》しい一人《ひとり》の女性《じょせい》に、ぞっこん惚《ほ》れこんでしまった。

血気盛《けっきさか》んな十八歳《じゅうはっさい》。早春《そうしゅん》の摂州渡辺《せっしゅうわたなべ》の橋供養《はしくよう》でのことである。

八方手《はっぽうて》をつくして女《おんな》の身元《みもと》を探《さぐ》らせると、なんと同族《どうぞく》の左衛門尉《さえもんのじょう》、源渡《みなもとのわたる》の妻《つま》、袈裟《けさ》ではないか。

想《おも》う女《おんな》が人妻《ひとづま》とは。彼《かれ》のもだえは悶《もだ》えを生《う》んで、つのるは彼女《かのじょ》への恋情《れんじょう》ばかり。ついに耐《た》え切《き》れず彼《かれ》は、袈裟《けさ》の母堂《ぼどう》に直訴《じきそ》した。

「一生《いっしょう》の頼《たの》みです。袈裟殿《けさどの》を私《わたし》に貰《もら》い受《う》けたい。無理《むり》は万々承知《ばんばんしょうち》の上《うえ》。これほどお頼《たの》み申《もう》しても、おききいれ願《ねが》えねば是非《ぜひ》もない。邪魔《じゃま》だてするものはみな殺《ごろ》しだ」

無法《むほう》な横恋慕《よこれんぼ》にただただ思案《しあん》にくれた母堂《ぼどう》は、袈裟《けさ》を呼《よ》んでありのままを打《う》ちあける。

驚《おどろ》き嘆《なげ》く袈裟《けさ》ではあったが、やがて内心決《ないしんけつ》するがごとく、こう言《い》った。

「お母《かあ》さま、ご心配《しんぱい》いりません。渡《わたる》さまには申《もう》しわけございませんが、私《わたくし》、盛遠《もりとお》さまの所《ところ》へ参《まい》ります」

間《ま》もなく盛遠《もりとお》を訪《たず》ねた袈裟《けさ》が、ときどき愁眉《しゅうび》をみせる。

「袈裟殿《けさどの》、どうかなされたか」

「はい、貴方《あなた》さまのお情《なさ》けを受《う》けるのは嬉《うれ》しいのですが、夫《おっと》のことを思《おも》うと。あの人《ひと》さえいなければ……」

「承知《しょうち》した。そんなことなら私《わたし》が解決《かいけつ》しよう」

「そうしてくだされれば、私《わたくし》も嬉《うれ》しゅうございます」

かくて袈裟《けさ》と打《う》ち合《あ》わせた盛遠《もりとお》は、渡《わたる》の寝所《しんじょ》に忍《しの》び込《こ》み、寝首《ねくび》をかいた。これで袈裟《けさ》は天下晴《てんかは》れて我《わ》がものと、ほくそえんで月明《つきあ》かりで首級《しゅきゅう》をあらためると、なんと死《し》ぬほど惚《ほ》れた袈裟《けさ》の首《くび》ではないか。茫然自失《ぼうぜんじしつ》。五体投地《ごたいとうち》の慚愧《ざんき》とともに彼《かれ》は出家《しゅっけ》する。鎌倉時代《かまくらじだい》の傑僧《けっそう》・文覚《もんがく》、その人《ひと》である。

袈裟《けさ》の手箱《てばこ》から、真情《しんじょう》を告白《こくはく》した愛《あい》する夫《おっと》への遺書《いしょ》が発見《はっけん》された。ああ一世《いっせい》の美女《びじょ》・袈裟《けさ》は、一命《いちめい》もって操《みさお》を全《まっと》うし二人《ふたり》の男《おとこ》をあやまらせなかったのである。

111

「この身体《からだ》は、誰のものですか」

肉体が丸ごと入れ替わっても、私は私

現代に通じる大号尊者《だいごうそんじゃ》の叫び

釈迦《しゃか》に大号尊者《だいごうそんじゃ》という弟子《でし》がある。

彼《かれ》が商人《しょうにん》であったとき他国《たこく》からの帰途《きと》、道《みち》に迷《まよ》って日《ひ》が暮《く》れた。

宿《やど》もないので仕方《しかた》なく、墓場《はかば》の近《ちか》くで寝《ね》ていると無気味《ぶきみ》な音《おと》に目《め》が覚《さ》める。

一匹《いっぴき》の赤鬼《あかおに》が、人間《にんげん》の死体《したい》を持《も》ってやって来《く》るではないか。急《いそ》いで木《き》に登《のぼ》って震《ふる》えながら眺《なが》めていると、間《ま》もなく青鬼《あおおに》がやって来《き》た。

「その死体《したい》をよこせ」

と青鬼《あおおに》が言《い》う。

「これはオレが先《さき》に見《み》つけたもの、渡《わた》さぬ」

という赤鬼《あかおに》と大《おお》ゲンカがはじまった。

その時《とき》である。

赤鬼《あかおに》は木《き》の上《うえ》の大号《だいごう》を指《ゆび》さして、

「あそこに、さっきから見《み》ている人間《にんげん》がいる。あれに聞《き》けば分《わ》かろう。証人《しょうにん》になって貰《もら》おうじゃないか」

と言《い》い出《だ》した。

大号《だいごう》は驚《おどろ》いた。いずれにしても食《く》い殺《ころ》されるのは避《さ》けられぬ。ならば真実《しんじつ》を言《い》おうと決意《けつい》する。

「それは赤鬼《あかおに》のものである」

と証言《しょうげん》した。

青鬼《あおおに》は怒《おこ》った。大号《だいごう》をひきずり下《お》ろし、片足《かたあし》を抜《ぬ》いて食《た》べてしまった。

気《き》の毒《どく》に思《おも》った赤鬼《あかおに》は、誰《だれ》かの死体《したい》の片足《かたあし》をとってきて大号《だいごう》に接《つ》いでやった。

激昂《げっこう》した青鬼《あおおに》は、さらに両手《りょうて》を抜《ぬ》いて食《た》べる。赤鬼《あかおに》はまた、他《ほか》の死体《したい》の両《りょう》手《て》を取《と》ってきて大号《だいごう》につけてやった。

青鬼《あおおに》は大号《だいごう》の全身《ぜんしん》を次《つぎ》から次《つぎ》に食《た》べた。赤鬼《あかおに》はその後《あと》から、大号《だいごう》の身体《からだ》を元《もと》どおりに修復《しゅうふく》してやる。

青鬼《あおおに》が帰《かえ》った後《あと》、

「ご苦労《くろう》であった。おまえが真実《しんじつ》を証言《しょうげん》してくれて気持《きも》ちが良《よ》かった」

と赤鬼《あかおに》は礼《れい》を言《い》って立《た》ち去《さ》った。

一人残《ひとりのこ》された大号《だいごう》は、歩《ある》いてみたが元《もと》の身体《からだ》と何《なん》ら変《か》わらない。しかし今《いま》の自分《じぶん》の手足《てあし》は、己《おのれ》の物《もの》でないことだけは間違《まちが》いない。どこの誰《だれ》の手《て》やら足《あし》やら、と考《かんが》えた。

街《まち》へ帰《かえ》った彼《かれ》は、

「この身体《からだ》は誰《だれ》のものですか」

と大声《おおごえ》で叫《さけ》びながら歩《ある》いたので、大号尊者《だいごうそんじゃ》とあだ名《な》されるようになったという。

未来《みらい》の医学《いがく》は、肉体丸《にくたいまる》ごと替《か》えるかもしれぬ。

自分《じぶん》のものでない物《もの》は、大号尊者《だいごうそんじゃ》の手足《てあし》だけではない。

112

「おいどんは、いつでも人を相手にしてはおらん。何と言われようが、よかよか」

カラカラと笑う西郷隆盛

幕末《ばくまつ》に死刑執行人《しけいしっこうにん》として名《な》を馳《は》せた、山田浅右衛門《やまだあさえもん》という人《ひと》がいる。

山岡鉄舟《やまおかてっしゅう》が彼《かれ》に聞《き》いた。

「貴公《きこう》はずいぶん、多《おお》くの人《ひと》の首《くび》を刎《は》ねたが、斬《き》り損《そこ》ないということがなかったかね」

「吉田松陰《よしだしょういん》や名《な》だたる志士《しし》の首《くび》も刎《は》ねましたが、あの人《ひと》たちは気負《きお》っていたのか、かたくなっていたから容易《ようい》に斬《き》れました。

だが、手《て》こずったものが二人《ふたり》いました」

それは義賊《ぎぞく》といわれたネズミ小僧次郎吉《こぞうじろきち》と、放火《ほうか》で断罪《だんざい》された吉原《よしわら》の花鳥《かちょう》という遊女《ゆうじょ》であったと述懐《じゅっかい》している。

ネズミ小僧《こぞう》は年貢《ねんぐ》の納《おさ》め時《どき》と観念《かんねん》したのか〝どうぞ、お願《ねが》いいたしやす〟と西《にし》を向《む》いて座《すわ》った姿《すがた》には何《なん》のテライもなかった。

一方《いっぽう》の花鳥《かちょう》も薄化粧《うすげしょう》して静《しず》かに合掌《がっしょう》した可憐《かれん》さには、首斬《くびき》り浅右衛門《あさえもん》もなかなか刀《かたな》がおろせなかった。手練《しゅれん》の太刀《たち》も狙《ねら》った箇所《かしょ》には入《はい》らず、四回《よんかい》も仕《し》損《そん》じたという。

無心《むしん》ほど厄介《やっかい》なものはなさそうだ。

陸軍大将《りくぐんたいしょう》の軍服《ぐんぷく》を着用《ちゃくよう》して西郷隆盛《さいごうたかもり》は、若《わか》い士官《しかん》たちと急《きゅう》な坂道《さかみち》を談笑《だんしょう》しながら上《のぼ》っていた。

一人《ひとり》の車夫《しゃふ》がその時《とき》、いかにも重《おも》そうな荷車《にぐるま》を、うんすうんす言《い》いながら引《ひ》っぱりあげようとしている。

だがあまりの急坂《きゅうはん》で車夫《しゃふ》の力《ちから》が及《およ》ばず、なかなか車《くるま》は動《うご》こうとしない。それどころか、ややもすると後方《こうほう》へ戻《もど》ろうとしている。

それを見《み》た西郷《さいごう》は何《なん》の躊躇《ちゅうちょ》もせず、

「どれどれ、おいどんが押《お》してやろう」

と士官《しかん》たちにも命《めい》じて、かけ声《ごえ》もろとも力一杯《ちからいっぱい》後押《あとお》ししたために車《くるま》は坂《さか》の上《うえ》まで上《のぼ》ることができた。車夫《しゃふ》は感激《かんげき》し心《こころ》からお礼《れい》を述《の》べて立《た》ち去《さ》った。

車《くるま》の後押《あとお》しをさせられた士官《しかん》たちは、

「陸軍大将《りくぐんたいしょう》の軍服《ぐんぷく》を召《め》されて、あんな車《くるま》の後押《あとお》しなどされては見《み》た人《ひと》は笑《わら》うでしょう」

と言《い》うと、

「そんなことはかまわん、かまわん。おいどんは何時《いつ》でも人《ひと》を相手《あいて》にしてはおらん。何《なん》と言《い》われようが、よかよか」。

カラカラと西郷《さいごう》は笑《わら》ったという。

人《ひと》を相手《あいて》にせず、無心《むしん》で所信《しょしん》を貫《つらぬ》く澄《す》み切《き》った信念《しんねん》があったればこそ、あれだけの衆望《しゅうぼう》と渇仰《かつごう》を担《にな》い、国家《こっか》のため社会《しゃかい》のために尽《つ》くすことができたのであろう。

113

「人は多く酒で失敗する。オレは生涯、飲まないぞ」

首相の前でも信念を貫いた大倉喜八郎

朝鮮《ちょうせん》、中国《ちゅうごく》など大陸各地《たいりくかくち》にも事業《じぎょう》を起《お》こし帝国《ていこく》ホテル、帝国劇場《ていこくげきじょう》などを創《そう》立《りつ》した明治《めいじ》、大正《たいしょう》の実業家《じつぎょうか》、大倉財閥《おおくらざいばつ》の創設者《そうせつしゃ》大倉喜八郎《おおくらきはちろう》は、

「人《ひと》は多《おお》く酒《さけ》で失敗《しっぱい》する。俺《おれ》は生涯《しょうがい》飲《の》まないぞ」

と固《かた》く禁酒《きんしゅ》を貫《つらぬ》いていた。

それを聞《き》いた時《とき》の宰相《さいしょう》・黒田清隆《くろだきよたか》は、

「なに、交際《こうさい》でも宴会《えんかい》でも酒《さけ》を飲《の》まぬとな。生意気《なまいき》なことをいう男《おとこ》だ。よし、俺《おれ》が必《かなら》ず飲《の》ませてみせる」

と大倉《おおくら》を招《まね》いて一席《いっせき》を設《もう》けた。

席上《せきじょう》、黒田清隆《くろだきよたか》、裸《はだか》も裸《はだか》、ふんどし一《ひと》つ身《み》にまとわぬ素《す》っ裸《ぱだか》でステテコ踊《おど》りを始《はじ》めた。黒田首相《くろだしゅしょう》は薩摩《さつま》（鹿児島《かごしま》）の出身《しゅっしん》である。

裸《はだか》で踊《おど》られたら一座《いちざ》の者《もの》は、何《なに》がなんでも酒《さけ》を飲《の》まねばならぬ。それが鹿《か》児島《ごしま》の風習《ふうしゅう》であることを知《し》っていた大倉《おおくら》は困惑《こんわく》した。

「これはえらいことになった。先方《せんぽう》は時《とき》めく総理首相《そうりしゅしょう》、自分《じぶん》は一介《いっかい》の商人《しょうにん》、どう信念《しんねん》を貫《つらぬ》くべきか」

苦慮《くりょ》していると、たまたま首相《しゅしょう》がトイレに立《た》った。

「今《いま》だ」

その機《き》を逃《のが》さず退場《たいじょう》し、平生《へいぜい》の信念《しんねん》を貫《つらぬ》いた。

翌日《よくじつ》、

「ああ、大倉《おおくら》という男《おとこ》は偉《えら》い」

と黒田首相《くろだしゅしょう》は称賛《しょうさん》し、昨日《きのう》の無礼《ぶれい》を詫《わ》びたという。

一実業家《いちじつぎょうか》に非礼《ひれい》を詫《わ》びた黒田《くろだ》も偉《えら》いが、時《とき》めく首相《しゅしょう》にも平生《へいぜい》の信念《しんねん》を曲《ま》げなかった大倉《おおくら》は立派《りっぱ》である。

ボルネオ島《とう》の人々《ひとびと》の、オランウータンを捕《と》らえる奇抜《きばつ》な方法《ほうほう》がある。

アラックという強烈《きょうれつ》な酒《さけ》を愛飲《あいいん》する彼《かれ》らは、数滴《すうてき》その酒《さけ》を落《お》とした水《みず》ガメをオランウータンの巣《す》の下《した》に置《お》く。

間《ま》もなくオランウータンは、それを飲《の》み干《ほ》す。翌日《よくじつ》から少《すこ》しずつ酒《さけ》の量《りょう》を増《ふ》やしていく。

生《う》まれつき大酒《おおざけ》飲《の》みではないのだが、知《し》らず知《し》らずにオランウータンは、酒《さけ》の味《あじ》を覚《おぼ》え好《この》むようになっていくのである。

やがては、生《なま》のアラックをもガブ飲《の》みするようになる。さすがにその時《とき》は酔《よ》っ払《ぱら》い、石《いし》を投《な》げたり木《き》を折《お》ったり、散々乱暴《さんざんらんぼう》したあげくゴロリと高《たか》いびきでねてしまう。

そこをなんなく捕《と》らえるというのだ。

禁酒《きんしゅ》も禁煙《きんえん》も三日坊主《みっかぼうず》、勤勉《きんべん》も努力《どりょく》も猫《ねこ》の精進《しょうじん》で五日《いつか》も続《つづ》かぬ。せっかく、遠大《えんだい》な抱負《ほうふ》を持《も》ちながらささいな誘惑《ゆうわく》に腰《こし》を折《お》り、ちょっとした困難《こんなん》に方針《ほうしん》を翻《ひるがえ》すことの如何《いか》に多《おお》いことか。

信念《しんねん》の達成《たっせい》には敢然《かんぜん》として、万難《ばんなん》を乗《の》り越《こ》える覚悟《かくご》がなければならない。

114

「形ある物は、必ず壊れる。時節到来とは、なんと恐ろしいことでございますね」

トンチの一休、師匠をまるめこむ

かのトンチの一休《いっきゅう》が、周建《しゅうけん》といっていた七《しち》、八歳《はっさい》の時《とき》のことである。

外出《がいしゅつ》した和尚《おしょう》の部屋《へや》へいってみると、兄弟子《あにでし》がオイオイ泣《な》いている。ワケを聞《き》くと、

「お師匠《ししょう》さんがいつも、来客《らいきゃく》に自慢《じまん》されている足利将軍《あしかがしょうぐん》から賜《たまわ》ったというお茶碗《ちゃわん》、いつかこの手《て》でゆっくり見《み》たいものだと思《おも》っていた。

留守《るす》の今日《きょう》こそがチャンスと、箱《はこ》から取《と》り出《だ》して見惚《みほ》れているうちに落《お》としてしまったのだ」

と真《ま》っ二《ぷた》つに割《わ》れた茶碗《ちゃわん》を、しきりに両手《りょうて》でくっつけながら、途方《とほう》にくれて、泣《な》きじゃくる。

「なぁんだ、そんなことで泣《な》いているのか。大変《たいへん》なことに違《ちが》いはないが、今《いま》更《さら》クヨクヨしても始《はじ》まるまい。いやしくも禅宗《ぜんしゅう》の小僧《こぞう》たる者《もの》、セト物《もの》の一《ひと》つや二《ふた》つ壊《こわ》したぐらいで泣《な》いては恥《はじ》だ。

たとえどんなことが起《お》きようと、一滴《いってき》の涙《なみだ》も見《み》せぬのが禅僧《ぜんそう》のプライドじゃないか。そりゃ泣《な》けば茶碗《ちゃわん》が元《もと》どおりになるのなら、大《おお》いに泣《な》くのもよかろうが、いくら泣《な》いてもどうにかなるものじゃなし、いい加減《かげん》に泣《な》きやめたらどうだ」

「そりゃ周建《しゅうけん》、理屈《りくつ》はそうじゃが、いくら泣《な》いてもどうにもならぬと思《おも》うからこそ余計《よけい》に泣《な》けてくるのだ。オレの身《み》にもなってくれ！」

「気《き》の小《ちい》さい奴《やつ》だな。とにかくおまえは私《わたし》の兄弟子《あにでし》だ。兄弟《きょうだい》のよしみということもある。よし、オレが壊《こわ》したことにしてやろう。それなら泣《な》くことはなかろう」

「本当《ほんとう》かい周建《しゅうけん》、そりゃありがたい。おまえは平生《へいぜい》からトンチがあるから、なんとかお師匠《ししょう》さんを丸《まる》めこんでくれ。たのんだぞ周建《しゅうけん》。その代《か》わり、こんど法事《ほうじ》に出《で》るオレの饅頭《まんじゅう》は全部《ぜんぶ》おまえにやるからなー」

兄弟子《あにでし》の哀願《あいがん》に、出《で》るやら出《で》ないやら分《わ》からぬ饅頭《まんじゅう》を抵当《ていとう》に、周建《しゅうけん》は茶碗《ちゃわん》こわしの科人役《とがにんやく》を引《ひ》き受《う》ける。

割《わ》れた茶碗《ちゃわん》を無造作《むぞうさ》にポンと袂《たもと》へ投《な》げ込《こ》んだ周建《しゅうけん》、そのまま本堂《ほんどう》へ直行《ちょっこう》、いつものように遊《あそ》びに夢中《むちゅう》だ。

夕方《ゆうがた》、和尚《おしょう》が帰《かえ》ってくる。早速《さっそく》、玄関《げんかん》に迎《むか》えにでた周建《しゅうけん》たちが、

〃お師匠《ししょう》さま、お帰《かえ》りなさいませ〃

と一斉《いっせい》に頭《あたま》を下《さ》げる。

「おお周建《しゅうけん》か、今日《きょう》もおまえは悪戯《いたずら》ばかりしていたのか」

ニコニコ顔《がお》の和尚《おしょう》が、機嫌《きげん》よく言葉《ことば》をかける。

「いいえいいえ、お師匠《ししょう》さま。今日《きょう》は悪戯《いたずら》どころではありません。一日中本《いちにちじゅうほん》堂《どう》で座禅工夫《ざぜんくふう》しておりました」

「なにおまえが座禅工夫《ざぜんくふう》とな。どうも怪《あや》しいものじゃ。ほんとうは本堂《ほんどう》で寝《ね》ていたのではないか」

「とんでもございません。一心不乱《いっしんふらん》に座禅工夫《ざぜんくふう》しましたが、いまだに解《と》けぬ難問《なんもん》がありまして……」

「なんじゃ、その難問《なんもん》とは……。言《い》ってみよ」

「はい、それは人間《にんげん》すべて死《し》なねばならぬのか、中《なか》には死《し》なずにおれるのか、生死是如何《しょうじこれいかん》ということでございます」

「ううん、生死是如何《しょうじこれいかん》か。それで周建《しゅうけん》わかったのか」

「いやそれが、まだ……」

「そうか、おまえはなかなかの利口者《りこうもの》じゃが、まだ幼《おさな》いのぉ。この際《さい》ハッキリ知《し》っておくのだぞ。〝生《せい》あるものは必《かなら》ず死《し》す〟とお釈迦《しゃか》さまも言《い》われている。

何人《なにびと》も死《し》は免《まぬが》れぬものなのじゃ。お釈迦《しゃか》さまでも提婆《だいば》でも、どんな英雄豪傑《えいゆうごうけつ》でもなー」

「死《し》はそんなに恐《おそ》ろしいものでございますか。これで難問《なんもん》の一《ひと》つが解《と》けました。ありがとうございます」

「なんじゃ、まだ他《ほか》に分《わ》からぬことがあるのか周建《しゅうけん》」

「はい。もう一《ひと》つの難問《なんもん》は、この世《よ》の物《もの》は必《かなら》ず壊《こわ》れるものか、中《なか》には永久《えいきゅう》に壊《こわ》れぬ物《もの》があるのでないか。物《もの》の生滅是如何《しょうめつこれいかん》ということでございます」

「はは……、利発者《りはつもの》でもやはり子供《こども》じゃのー、そんなつまらぬことを考《かんが》えていたのか。

しかと教《おし》えておこう。この世《よ》の一切《いっさい》の物《もの》は、必《かなら》ずいつかは滅《めっ》するものなのじゃ。これを是生滅法《ぜしょうめっぽう》とお釈迦《しゃか》さまは教《おし》えておられる。よくよく知《し》っておきなさいよ」

「でもお師匠《ししょう》さま。特別《とくべつ》に大切《たいせつ》な物《もの》を、大事《だいじ》に大事《だいじ》にしていても壊《こわ》れることがあるのでしょうか」

「そうじゃ。どんなに大事《だいじ》な物《もの》でも時節到来《じせつとうらい》ということがあってなー、時節《じせつ》が来《く》ると必《かなら》ず壊《こわ》れるものなのじゃ」

「はあ！　それでは時節到来《じせつとうらい》とは、なんと恐《おそ》ろしいことでございますね」

「恐《おそ》ろしいものじゃ。仏《ほとけ》さまの力《ちから》でも、どうすることもできぬのじゃからのー」

「これで今日一日苦《きょういちにちく》しんだ難問《なんもん》のすべてを、よく分《わ》からせていただきました。**生《う》まれた者《もの》は必《かなら》ず死《し》ぬ。形《かたち》あるものは必《かなら》ず壊《こわ》れる。これが宇宙《うちゅう》の真理《しんり》でございますね**」

「さよう。もう間違《まちが》いない道理《どうり》なのじゃ」

「なるほど、してみると、大事《だいじ》な人《ひと》が死《し》んだからといって泣《な》いたり悲《かな》しんだりして心《こころ》を乱《みだ》さず、大事《だいじ》な物《もの》が壊《こわ》れたからといって怒《おこ》ったりわめいたりせず、時節到来《じせつとうらい》とキッパリ諦《あきら》めるのが悟《さと》りというものでございますか」

「さようさよう、おまえの言《い》うとおりじゃ」

「それにつけても悟《さと》られたお師匠《ししょう》さまの弟子《でし》である私《わたし》たちは、なんと幸《しあわ》せ者《もの》でございましょうか」

「おいおい、そんなにワシをおだて上《あ》げても何《なに》も出《で》ないぞ。だまらっしゃい」

「いいえ、お師匠《ししょう》さまから出《だ》されなくても、こちらから出《だ》させていただきます。実《じつ》はかくの如《ごと》く時節到来《じせつとうらい》いたしました」

すまし顔《がお》で周建《しゅうけん》が、例《れい》の茶碗《ちゃわん》を袂《たもと》の中《なか》から取《と》り出《だ》して和尚《おしょう》の前《まえ》に並《なら》べた。

驚《おどろ》いたが、今更叱《いまさらしか》るわけにもいかぬ和尚《おしょう》は、

「もう、時節《じせつ》が到来《とうらい》したか」。

ただ一言《ひとこと》いったという。

115

価値が分からないから、大きな損をしている

一枚の絵を、黄金より高いとうなる人、畑の芋より安いとけなす人

豊後国《ぶんごのくに》（大分県《おおいたけん》）に昔《むかし》、五岳《ごがく》という有名《ゆうめい》な画僧《がそう》がいた。

その寺《てら》の近《ちか》くに住《す》む、貧乏《びんぼう》暮《ぐ》らしの老夫婦《ろうふうふ》に年《とし》の瀬《せ》が迫《せま》った。

いつものように金策《きんさく》に困《こま》った爺《じい》さんが、ぼやく。

「婆《ばあ》さんや、また借金《しゃっきん》取《と》りが押《お》し寄《よ》せる。どうしようかいの！」

「男《おとこ》のおまえさんさえ困《こま》ること、女《おんな》の私《わたし》が知《し》ったことかいな」

「そんなすげないこと言《い》わんと、なんかよい知恵《ちえ》かしてくれんか」

「情《なさ》けないねぇこの人《ひと》。そんなら五岳《ごがく》さんに絵《え》でも描《か》いてもらって売《う》ったら……」

「なるほど、おまえいいこと教《おし》えてくれた。それじゃこれから寺《てら》へ行《い》ってくるか」

出《で》かけようとする爺《じい》さんに、

「あんたあんた、ちょっと、人《ひと》にものを頼《たの》みにゆくのに、手《て》ぶらで行《い》く者《もの》があるかいな」。

婆《ばあ》さんが、たしなめる。

「あっそうか。じゃが、何《なに》も持《も》っていく物《もの》などないが婆《ばあ》さん」

「ウラの畑《はたけ》に芋《いも》ならあるがな。あれでも掘《ほ》ってゆけば……」

「ああそうか。ウラの畑《はたけ》の芋《いも》か」

早速《さっそく》、掘《ほ》った芋《いも》を風呂敷《ふろしき》に包《つつ》んで、爺《じい》さんが寺《てら》へ出《で》かける。

「ごめんください。ご院《いん》さんに少々《しょうしょう》お願《ねが》いがあってきたのですが……」

「おお爺《じい》さんか。よう来《き》たな、何《なに》か用《よう》か、お上《あ》がり」

爺《じい》さんそこで〝この芋《いも》をどうぞ〟と出《だ》そうかと思《おも》ったが、何《なん》だかワイロのようで気《き》がひけたので、帰《かえ》りに置《お》いてゆこうと考《かんが》え、下駄《げた》のそばに置《お》いて上《うえ》にあがった。

「ご院《いん》さん、まことにすみませんが絵《え》を一枚描《いちまいか》いてくださらんか。実《じつ》は年末《ねんまつ》の借金取《しゃっきんと》りに、どうしようかと婆《ばあ》さんに相談《そうだん》したら、ご院《いん》さんに絵《え》を描《か》いてもらって売《う》ったらよかろうと言《い》うものですから……」

五岳《ごがく》さん、カラカラと笑《わら》いながら、

「いや、相変《あいか》わらず面白《おもしろ》い爺《じい》さんじゃのー。ワシの所《ところ》へ絵《え》を依頼《いらい》にくる者《もの》はたくさんいるが、みんな子々《しし》孫々《そんそん》まで家《いえ》の宝《たから》にするとかなんとか言《い》ってくる。

売《う》って借金《しゃっきん》を返《かえ》したいとは初《はじ》めてじゃ。そなたの正直《しょうじき》に免《めん》じて描《か》いてあげよう。しばらく待《ま》っていなさい」。

やがて奥《おく》から五岳《ごがく》さん、何《なに》か描《か》いた絵《え》を二枚《にまい》持《も》ってきて、無造作《むぞうさ》に渡《わた》してこう言《い》った。

「爺《じい》さんや、これを売《う》って借金《しゃっきん》を払《はら》いなされ」

手《て》にとって見《み》ると二枚《にまい》とも、猫《ねこ》のヒゲのようなものが、しゅうしゅうと三《さん》本《ぼん》かかれているだけ。

ただで描《か》いてもらった手前《てまえ》、もう少《すこ》し絵《え》らしいものをとも言《い》えず、爺《じい》さん甚《はなは》だ不機嫌《ふきげん》だ。

「はぁはぁ、おおきにありがとうございました」

お礼《れい》の言葉《ことば》もそこそこに、持《も》っていった芋《いも》が惜《お》しくなり、そのまま家《いえ》へ持《も》ち帰《かえ》った。

「婆《ばあ》さんや、こんなものしか描《か》いてくれんかった」

二枚《にまい》の絵《え》を婆《ばあ》さんの前《まえ》に突《つ》き出《だ》した。

「こりゃなんじゃ、おまえさん」

「なんか知《し》らんが、これで借金《しゃっきん》返《かえ》せとよ」

「おまえさん、ご院《いん》さんにどう言《い》って頼《たの》んだのかい」

「おまえの言《い》ったとおりに言《い》っただけさ」

「馬鹿《ばか》じゃのう。なんで子々《しし》孫々《そんそん》まで、家《いえ》の宝物《たからもの》にしますからと言《い》わなんだのかい。だから、こんなものしか描《か》いてくれなかったんだよ」

「だからオレは、あまりバカバカしかったので、芋《いも》をやらずに持《も》ち帰《かえ》ってきたんや」

「そりゃ良《よ》かった。芋《いも》のほうがなんぼ高《たこ》う売《う》れるか」

「じゃがなあ、せっかく描《か》いてくれたんじゃ。絵《え》の好《す》きな、あの旦那《だんな》の所《ところ》へ行《い》ってみようか」

「売《う》れんで、もともと。気楽《きらく》に行《い》ってらっしゃい」

早速《さっそく》、爺《じい》さん村《むら》の絵《え》の大好《だいす》き旦那《だんな》を訪《たず》ねて、おそるおそる尋《たず》ねた。

「旦那《だんな》さまは絵《え》がお好《す》きなようですが、これ買《か》っておくれんかなあ」

「どれどれ、どんな絵《え》かな」

つくづく見《み》ていた旦那《だんな》が、やがて、

「こりゃ良《よ》い、実《じつ》によくできている」

と唸《うな》っている。

「おまえさん、本当《ほんとう》にこれ売《う》るのかい。本気《ほんき》なら買《か》おう。いくらじゃ」

いくらと聞《き》かれて、爺《じい》さん大困《おおごま》り。

〝こんなもの何《なん》になる〟と言《い》われたのなら〝いくらでもよい〟と言《い》うのだが〝こりゃ良《よ》い〟と言《い》われてみると〝いくらでもよい〟とも言《い》いかねる。

値段《ねだん》を聞《き》かれては、さっぱり分《わ》からん。

とっさに爺《じい》さん、五本《ごほん》の指《ゆび》をバラバラに広《ひろ》げて前《まえ》へ突《つ》き出《だ》し、言《い》い切《き》った。

「旦那《だんな》さま、これだけです」

「そうか。一枚《いちまい》それだけか」

「はい。一枚《いちまい》これだけです」

「じゃ二枚《にまい》とも買《か》っておこう。すぐに金《かね》を持《も》ってくるからな」

と言《い》って奥《おく》へ入《はい》ってゆく。

胸《むね》ドキドキの爺《じい》さん、これだけがどれだけか、当時《とうじ》のことだから五厘《ごりん》やら五銭《ごせん》やら五十銭《ごじっせん》やら、さっぱり分《わ》からぬ。いくらくれるかワクワクしながら待《ま》っている。

そこへニコニコ顔《がお》で旦那《だんな》がやってくる。

「本当《ほんとう》に二枚《にまい》で、これだけじゃなぁ」

そこには、爺《じい》さんが見《み》たこともない一円紙幣《いちえんしへい》が、十枚《じゅうまい》も並《なら》べられていた。

夢中《むちゅう》で懐《ふところ》へねじ込《こ》むと、目《め》を丸《まる》くして尋《たず》ねる。

「旦那《だんな》さま、ありゃ一体《いったい》なんの絵《え》かいな」

「おまえさんあの絵《え》を知《し》らずに売《う》りにきたのかい。あれはなあ、〝ねびきのラン〟といって、めったに描《か》いてもらえぬ五岳《ごがく》さまの十八番《おはこ》じゃ。それをおまえは、二枚《にまい》も描《か》いてもらったのじゃ」

たまげた爺《じい》さん、すっ飛《と》んで帰《かえ》り、

「驚《おどろ》くな婆《ばあ》さん、あの絵《え》がこのとおり十円《じゅうえん》で売《う》れたんだぞ。すぐにお寺《てら》へ芋《いも》を持《も》ってゆかにゃなあ、おまえも付《つ》いてくるんじゃ」。

目《め》を白黒《しろくろ》させている婆《ばあ》さんと一緒《いっしょ》に寺《てら》に行《ゆ》き、

「ご院《いん》さま、ありがとうございました。あの絵《え》が十円《じゅうえん》で売《う》れました。この芋《いも》あげます」。

爺《じい》さん、感泣《かんきゅう》している。

「ああそうか、一枚十円《いちまいじゅうえん》か」

「いやいや、二枚《にまい》で十円《じゅうえん》くれました」

「そりゃ安《やす》く売《う》ったのー」

「へえ！　まだ安《やす》いんですか」

「そうじゃなあ。一枚十円《いちまいじゅうえん》でもまだ安《やす》い。まあ上《あ》がって、その押《お》し入《い》れの長《なが》持《もち》の蓋《ふた》をとってごらん」

言《い》われるままに長持《ながもち》の中《なか》をのぞいて老夫婦《ろうふうふ》は驚《おどろ》く。そこには同《おな》じ絵《え》が何千《なんぜん》枚《まい》とも知《し》れぬほど詰《つ》まっていた。

「ワシのねびきのランは、今《いま》では少《すこ》しは認《みと》められるようになったが、それまで何万枚《なんまんまい》描《か》いたかしれぬ。

つまらぬものはその場《ば》で破《やぶ》ってしまったが、捨《す》てるには惜《お》しい、さりとて世間《せけん》に出《だ》すには気《き》が引《ひ》けると思《おも》って、一枚残《いちまいのこ》し二枚残《にまいのこ》ししたものが、その長持《ながもち》の絵《え》じゃ。それぞれに骨折《ほねお》りのあるものじゃ」

おどろいて聞《き》いていた老夫婦《ろうふうふ》は、数々《かずかず》の無礼《ぶれい》を心《こころ》から謝罪《しゃざい》したという。

116

「私が、これだけやっている」
自惚《うぬぼ》れが怒りの元であり、
苦しみの根源であろう

お婆《ばあ》さんが近所《きんじょ》の人《ひと》に、愚痴《ぐち》っている。

「あんたの家《いえ》の嫁《よめ》はいいなぁ。家《うち》では私《わたし》が暑《あつ》い最中《さなか》に買《か》い物《もの》から帰《かえ》って〝ああ暑《あつ》い暑《あつ》い〟と言《い》っても嫁《よめ》は知《し》らん顔《かお》しているのよ。

〝何《なん》とか言《い》わんかい〟と言《い》っても、〝私《わたし》がなんとか言《い》ったら、涼《すず》しゅうなるんか〟とぬかす。

腹《はら》が立《た》って腹《はら》が立《た》って、〃おまえは他人《ひと》が来《く》ると小笠原流《おがさわらりゅう》かなんか知《し》らんが笑顔《えがお》して、ペチャクチャしゃべるくせに、私《わたし》にはろくにものも言《い》わない〃と言《い》ったら、〃よその人《ひと》にペチャクチャ言《い》わにゃならんから、せめて家《いえ》の婆《ばば》になりと節約《せつやく》しなきゃ〃とぬかしやがる。

こんな嫁《よめ》がどこにいるじゃろうか」

「私《わたし》がこんなに苦《くる》しんでいるのに少《すこ》しも案《あん》じてくれない。薄情《はくじょう》な人《ひと》だ」と恨《うら》んでいる。

「では他人《ひと》の苦《くる》しみを、どれだけ親身《しんみ》になって心配《しんぱい》しているだろうか」と反省《はんせい》すると身《み》が凍《こお》る。

「オレがこれだけ親切《しんせつ》しているのに」

「私《わたし》がこれほど尽《つ》くしているのに」

〃オレがこれだけやっている〃の自惚《うぬぼ》れが怒《いか》りの元《もと》であり、苦《くる》しみの根源《こんげん》のようである。

「世話《せわ》しているのではなく、世話《せわ》になっているのだ」

「堪忍《かんにん》しているのではなく、堪忍《かんにん》してもらっているのだ」

と心《こころ》を反転《はんてん》すればどうだろう。苦《くる》しみは半減《はんげん》するにちがいない。

善《ぜん》に向《む》かうのが悪《わる》いのではない。これだけオレがやっているという自惚《うぬぼ》れ心《ごころ》が怒《いか》りを呼《よ》ぶのである。

幼児《ようじ》のケンカは衝突《しょうとつ》も早《はや》いが仲直《なかなお》りも早《はや》い。今泣《いまな》いていたかと思《おも》うともう笑《わら》っている。

小学生《しょうがくせい》は一度衝突《いちどしょうとつ》すると二《に》、三日《さんにち》ぐらいは口《くち》を利《き》かないが、中学《ちゅうがく》になると一《いち》、二週間《にしゅうかん》になる。

高校生《こうこうせい》になると一《いっ》カ月《げつ》ぐらい、大学《だいがく》になると五《ご》、六《ろっ》カ月《げつ》はかかる。

社会人《しゃかいじん》ともなると、よほどの仲裁人《ちゅうさいにん》でも入《はい》らぬ限《かぎ》り困難《こんなん》である。

老人《ろうじん》のケンカになると、棺桶《かんおけ》に入《はい》るまで絶望的《ぜつぼうてき》となる。

オレがオレがの主張《しゅちょう》は、年《とし》を増《ま》すごとに強《つよ》くなるようだ。

117

移りやすきもの、それは人の心である

「君を幸せにできるのは僕だけだ」
「あなたと一緒になれたなら何もいらない」

その日暮《ひぐ》らしの夫婦《ふうふ》があった。

産気《さんけ》づいた女房《にょうぼう》がウンウン唸《うな》って、家《いえ》の中《なか》を這《は》いずり回《まわ》って苦《くる》しんでいる。

医者《いしゃ》どころか助産婦《じょさんぷ》さんも呼《よ》べない貧乏《びんぼう》暮《ぐ》らし。女房《にょうぼう》の苦《くる》しむのを見《み》かねた亭主《ていしゅ》が、庭先《にわさき》の井戸《いど》の水《みず》を頭《あたま》からかぶり、かねてから信心《しんじん》する、金毘羅《こんぴら》の神《かみ》に助《たす》けを求《もと》めた。

「南無《なむ》金毘羅《こんぴら》大権現《だいごんげん》さま。ただいま嬶《かかあ》が難産《なんざん》で七転八倒《しちてんばっとう》苦《く》しんでおります。どうか早《はや》く安産《あんざん》できますよう、伏《ふ》して、伏《ふ》してお願《ねが》い申《もう》す」

何度《なんど》も水《みず》をかぶって大地《だいち》に平伏《へいふく》し三拝九拝《さんぱいきゅうはい》するが、苦《くる》しそうな妻《つま》の呻《うめ》き声《ごえ》が絶《た》えない。

やはり、ただでタノンでいてもダメなのか。何《なに》か捧《ささ》げ物《もの》をしなくてはと、

「大権現《だいごんげん》さまのお力《ちから》で、無事出産《ぶじしゅっさん》しましたら銅《どう》の鳥居《とりい》を一対奉納《いっついほうのう》させて戴《いただ》きます。どうか、どうかお助《たす》けください。お願《ねが》い申《もう》す」。

大声《おおごえ》張《は》り上《あ》げて頼《たの》むので、家《いえ》の中《なか》で聞《き》いていた女房《にょうぼう》が心配《しんぱい》した。

「あんた、銅《どう》の鳥居《とりい》は高《たか》いのよ。ひょっと産《う》まれたらどうするの」

陣痛《じんつう》の苦《くる》しみも忘《わす》れて叫《さけ》ぶと、振《ふ》り向《む》いた亭主《ていしゅ》がケロッとして、こう言《い》ったという。

「やかましい。こう言《い》って金毘羅《こんぴら》ダマシているうちに、さっさと産《う》んでしま

え」

公園《こうえん》のベンチで若《わか》いカップルが、夜遅《よるおそ》くまで恋《こい》をささやいている。やがてウソの言《い》い合《あ》いのすえ意気投合《いきとうごう》する。

裕福《ゆうふく》な家庭《かてい》を、と言《い》っていたのに結婚《けっこん》の現実《げんじつ》は、そんな甘《あま》いものではなかった。

次《つぎ》から次《つぎ》と子供《こども》が生《う》まれる。病気《びょうき》はする。車《くるま》で思《おも》わぬ事故《じこ》を起《お》こす。バブルがはじけて失業《しつぎょう》し、借金《しゃっきん》のアリ地獄《じごく》に転落《てんらく》する。

「あなたは故郷《こきょう》に、相当《そうとう》の資産《しさん》があると言《い》っていたのはウソだったの。こんな時《とき》に売《う》ったら……」

と妻《つま》が言《い》うと、

「愛情《あいじょう》さえあれば、そんな財産《ざいさん》など問題《もんだい》じゃない、と言《い》っていたのはウソか」

と夫《おっと》は反撃《はんげき》する。

「君《きみ》を幸《しあわ》せにできるのは僕《ぼく》だけだ。結婚《けっこん》してくれ」

と哀願《あいがん》していたのが、

「おまえのような者《もの》となぜ結婚《けっこん》したのか。一生《いっしょう》の不覚《ふかく》だった」

とため息《いき》に変《か》わる。

「あなたと一緒《いっしょ》になれたら何《なに》もいらない、欲《ほ》しくないわ」

の愛《いと》おしさが、

「あんたみたいな能《のう》なしと、結婚《けっこん》したのが大失敗《だいしっぱい》よ」

の悪態《あくたい》となる。


移《うつ》りやすきもの、それは人《ひと》の心《こころ》である。

118 怒りは敵と思え

一人の怒りが、どこまでも波及し、一切を焼き払ってしまう

スイスの哲学者《てつがくしゃ》・アボレー博士《はかせ》は怒《おこ》らないことで有名《ゆうめい》である。

十年間《じゅうねんかん》も仕《つか》えているお手伝《てつだ》いさんが、怒《おこ》った顔《かお》を見《み》たことがなかった。

「おまえがもし、彼《かれ》を怒《おこ》らせたら褒美《ほうび》の金《かね》をやろう」

悪戯《いたずら》好《ず》きな博士《はかせ》の友人《ゆうじん》が、彼女《かのじょ》に試《ため》させる。

いろいろ考《かんが》えたお手伝《てつだ》いさんは、キチンと整《ととの》えてあるベッドを喜《よろこ》ぶ博士《はかせ》で

あったから、わざとベッドの整理《せいり》をしないでおいた。

「昨夜《さくや》は、ベッドが整《ととの》えてなかったようだね」

叱《しか》られるかなあと思《おも》っていると、翌朝《よくあさ》ニコニコしている。

一度《いちど》ぐらいではダメかと、次《つぎ》の夜《よる》もしなかった。

「昨夜《さくや》も整理《せいり》がしてなかったが、多分忙《たぶんいそが》しかったのだろう。今夜《こんや》はタノムよ」

女《おんな》はしかし、その晩《ばん》も無視《むし》した。三度目《さんどめ》の朝《あさ》、彼女《かのじょ》は博士《はかせ》の部屋《へや》に呼《よ》ばれた。

「おまえは昨夜《さくや》もベッドを整《ととの》えてくれなかったが、よほどワケがあってのことだろう。よいよい、もう慣《な》れたから、これから私《わたし》がやることにしよう」

大目玉《おおめだま》を覚悟《かくご》していた女《おんな》はたまりかねて、博士《はかせ》の膝《ひざ》に泣《な》き伏《ふ》し、ワケを話《はな》して深《ふか》く詫《わ》びた。

相変《あいか》わらず博士《はかせ》は微笑《びしょう》していたという。
なんと奥《おく》ゆかしい忍辱《にんにく》だろう。

怒《いか》りは一切《いっさい》の善根《ぜんごん》を焼《や》き払《はら》う猛炎《もうえん》である。

怒《おこ》りっぽい西洋《せいよう》のある主人《しゅじん》、使用人《しようにん》の不注意《ふちゅうい》から夕食《ゆうしょく》を小羊《こひつじ》に食《く》われてしまった。目《め》に角《かど》をたて叱《しか》りとばされた使用人《しようにん》は、腹《はら》いせにストーブに入《い》れる火《ひ》を小羊《こひつじ》の背中《せなか》に投《な》げつけた。

毛《け》に火《ひ》のついた小羊《こひつじ》は驚《おどろ》いて小屋《こや》に飛《と》び込《こ》み、何千《なんぜん》ともしれぬ羊《ひつじ》の群《む》れに火《ひ》がつき、ついに家《いえ》まで焼《や》いてしまったという寓話《ぐうわ》がある。

一人《ひとり》の怒《いか》りがどこまでも波及《はきゅう》する。
怒《いか》りは敵《てき》と思《おも》え。堪忍《かんにん》は無事《ぶじ》長久《ちょうきゅう》の基《もと》である。

怒《いか》りの蛇《へび》を、口《くち》から出《だ》すのは下等《かとう》の人間《にんげん》。
歯《は》を食《く》いしばって口《くち》に出《だ》さないのが中等《ちゅうとう》。
胸《むね》に蛇《へび》は狂《くる》っていても、顔《かお》に表《あらわ》さないのは上等《じょうとう》の人《ひと》である。

119

「この絵はウソだ」

母親が子供にご飯を食べさせる時は、まず、自分の口を開けて与えるものです

体験しなければ、分からないこと

ある画家《がか》の個展《こてん》に、連日《れんじつ》、大勢《おおぜい》の愛好家《あいこうか》が訪《おとず》れた。

中《なか》でも彼《かれ》の代表作《だいひょうさく》である、母親《ははおや》が箸《はし》で我《わ》が子《こ》にご飯《はん》を食《た》べさせている作品《さくひん》には、多《おお》くの人《ひと》が集《あつ》まった。

愛好者《あいこうしゃ》の評価《ひょうか》を気《き》にして彼《かれ》は、観衆《かんしゅう》に交《ま》じって耳《みみ》を傾《かたむ》ける。

〝やはり、これが一番《いちばん》だ〟

自信作《じしんさく》の前《まえ》でみな立《た》ち止《ど》まり、称賛《しょうさん》した。
それを聞《き》いてひそかに、得意然《とくいぜん》となっていく。
ふと、その彼《かれ》に、
「この絵《え》はウソだ」
とつぶやいて立《た》ち去《さ》る、一人《ひとり》の婦人《ふじん》が目《め》にとまる。
ショックが走《はし》った。
とても及《およ》ばぬ大家《たいか》か、たんなる素人《しろうと》のたわごとか、聞《き》き流《なが》せぬ一言《ひとこと》だった。
早速《さっそく》、後《あと》を追《お》いかけ静《しず》かに婦人《ふじん》に尋《たず》ねる。
「実《じつ》は、あの絵《え》の作者《さくしゃ》は私《わたし》です。ウソと言《い》われた訳《わけ》をお聞《き》かせください」
少々驚《しょうしょうおどろ》いて婦人《ふじん》は、恐縮《きょうしゅく》そうにこう答《こた》えた。
「母親《ははおや》が子供《こども》にご飯《はん》を食《た》べさせる時《とき》は、まず自分《じぶん》の口《くち》を開《あ》けて与《あた》えるものです。

あの絵《え》の母親《ははおや》の口《くち》は閉《と》じたままでした。それでウソだと言《い》ったのです。失《しっ》礼《れい》しました」

画家《がか》は体験《たいけん》の重《おも》さと尊《とうと》さに感動《かんどう》し、厚《あつ》く礼《れい》を言《い》い、描《か》き改《あらた》めたという。

ある時《とき》、徳川三代将軍《とくがわさんだいしょうぐん》・家光《いえみつ》が、

「どんな時《とき》、一番《いちばん》くつろげるか」

と家来《けらい》たちに尋《たず》ねた。

「こらえ続《つづ》けていた催便《さいべん》が、気持《きも》ちよく出《で》た時《とき》ほどくつろげる時《とき》はありません」

と答《こた》えた者《もの》に、

「無礼者《ぶれいもの》、遠慮《えんりょ》のない奴《やつ》、閉門《へいもん》に処《しょ》する」

と家光《いえみつ》は激怒《げきど》した。

後日《ごじつ》、彼《かれ》が鷹狩《たかが》りに出《で》かけたとき、下痢《げり》を催《もよお》したがトイレがない。

まさか天下《てんか》の将軍《しょうぐん》が野糞《のぐそ》もできず、便所《べんじょ》の急《きゅう》ごしらえに手間《てま》どっている。

「まだか、まだできぬのか」

催便《さいべん》は激《はげ》しい。

「いましばらくでございます」

やがてにわか作《づく》りのトイレに飛《と》び込《こ》んだ家光《いえみつ》は、閉門《へいもん》にした家来《けらい》のことを思《おも》い出《だ》し、

「閉門《へいもん》を許《ゆる》して彼《かれ》の知行《ちぎょう》を増《ふ》やしてやれ」

と下知《げじ》したという。

さがるほど
人の見あぐる
藤の花

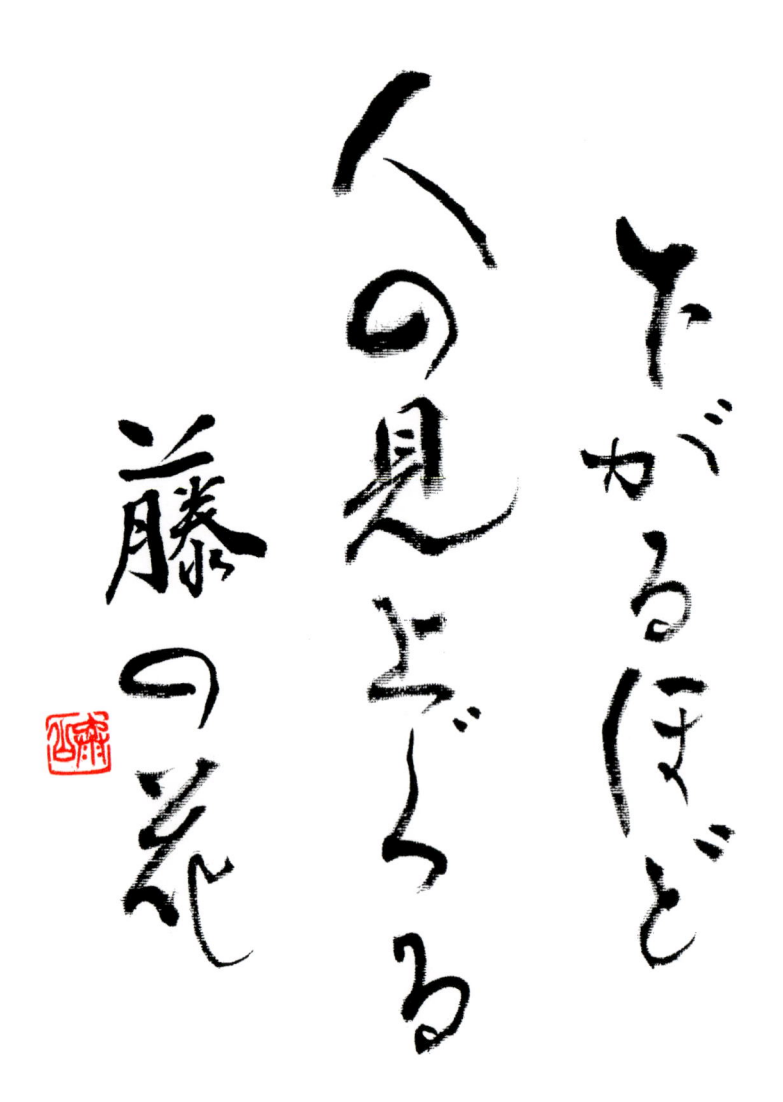

120

「身体《からだ》を火の中へ投げ込めば、天国へゆける」

迷信邪教を信じていた夫婦の末路

迷信邪教《めいしんじゃきょう》を信《しん》じている夫婦《ふうふ》と老母《ろうぼ》があった。

情欲《じょうよく》が盛《さか》んで淫靡《いんび》な嫁《よめ》は、律義《りちぎ》な姑《しゅうとめ》が邪魔《じゃま》でならない。しかしそんな風情《ふぜい》を少《すこ》しも見《み》せない妻《つま》に、夫《おっと》はいつも感謝《かんしゃ》した。

「ふつつかな私《わたし》に、そんなに言《い》われると穴《あな》にでも入《はい》りたいわ。それにつけても天国《てんごく》に生《う》まれると、とても楽《たの》しいそうよ。

お母《かあ》さんもそんな所《ところ》へゆかれると、もっとノンキな暮《く》らしができるでしょうに、一体《いったい》どうしたら天国《てんごく》へゆけるのでしょうね」

「オレが聞《き》いているのでは、身体《からだ》を火《ひ》の中《なか》に投《な》げ込《こ》めばいいそうだ」

「まあ、それで天国《てんごく》へゆけるの。一日《いちにち》も早《はや》くそうしてあげたらお母《かあ》さんも、どんなにお喜《よろこ》びになるでしょう」

愚《おろ》かな夫《おっと》は、妻《つま》の本心《ほんしん》を知《し》るよしもない。

母《はは》を天国《てんごく》へ生《う》まれさせようと決心《けっしん》し、野原《のはら》の真《ま》ん中《なか》に大《おお》きな穴《あな》を掘《ほ》り、薪《まき》を積《つ》んで火《ひ》をつけた。

簡単《かんたん》な昇天式《しょうてんしき》の後《あと》、アッという間《ま》に老母《ろうぼ》を火坑《かこう》に突《つ》き落《お》とし、後《あと》も見《み》ずに逃《に》げ帰《かえ》った。

運命《うんめい》は皮肉《ひにく》だ。

火坑《かこう》の一部《いちぶ》に安全地帯《あんぜんちたい》があったので、無事《ぶじ》、老母《ろうぼ》は外《そと》に這《は》い出《で》られた。

もうあたりは暗《くら》かった。虎狼《ころう》の難《なん》を避《さ》けて大樹《たいじゅ》に登《のぼ》って仮眠《かみん》した。話《はな》し声《ごえ》で目《め》をさますと、木《き》の下《した》に人相《にんそう》の悪《わる》い泥棒《どろぼう》たちが集《あつ》まっている。その時《とき》、不覚《ふかく》にもした〝ゴホンゴホン〟の老母《ろうぼ》の咳《せき》に驚《おどろ》いて、

「それ幽霊《ゆうれい》だ」

と一人《ひとり》が叫《さけ》ぶとみんな後《うし》ろも見《み》ず、盗《ぬす》んだ金銀財宝《きんぎんざいほう》を置《お》いたまま逃《に》げ去《さ》った。夜明《よあ》け近《ちか》く財宝《ざいほう》を背負《せお》って帰宅《きたく》した老母《ろうぼ》を、夫婦《ふうふ》は、てっきり幽霊《ゆうれい》と思《おも》って平謝《ひらあやま》り。

老母《ろうぼ》はニコニコ笑《わら》って、こう言《い》った。

「天国《てんごく》へゆかせてくれたおかげで、こんなに土産《みやげ》をもらってきた。まだまだあったが、今度《こんど》は若《わか》い者《もの》が取《と》りに来《く》るようにとのことだった」

「今度《こんど》、私《わたし》がいってウンと持《も》ってくるわ。昨日《きのう》と同《おな》じに火《ひ》の中《なか》に落《お》としてください」

欲深《よくふか》く愚《おろ》かな夫《おっと》は大賛成《だいさんせい》。大好《だいす》きな妻《つま》を火《ひ》の中《なか》に投《な》げ込《こ》んだ。
むろん、それっきり妻《つま》は、帰《かえ》ってはこなかった。

121

「限りなき欲の奴隷に、私はなりたくはない」

仏門に入った紀伊国屋亦右衛門

京都《きょうと》の紀伊国屋亦右衛門《きのくにやまたえもん》は若《わか》い頃《ころ》、大《おお》きな商家《しょうか》で働《はたら》いていた。非常《ひじょう》に才気《さいき》があり利口《りこう》だったので大変可愛《たいへんかわい》がられた。

あるとき主人《しゅじん》が亦右衛門《またえもん》を呼《よ》んで言《い》った。

「おまえはいかにも商売向《しょうばいむ》きの才能《さいのう》を持《も》っている。金百両《きんひゃくりょう》を与《あた》えるから、思《おも》う存分好《ぞんぶんす》きな商売《しょうばい》をやって一千両《いっせんりょう》にしたら帰《かえ》ってこい」

大層喜《たいそうよろこ》んだ亦右衛門《またえもん》は、早速《さっそく》、商売《しょうばい》に出《で》かけた。

初《はじ》めから大《おお》きな商売《しょうばい》をしては失敗《しっぱい》するかもしれぬ。小《ちい》さい商《あきな》いから始《はじ》めて確実《かくじつ》に利益《りえき》をあげてゆこうと考《かんが》えて、まず紙屑《かみくず》を買《か》ってちり紙《がみ》にすき直《なお》して売《う》った。

三年間《さんねんかん》に三百両《さんびゃくりょう》でき、五年間《ごねんかん》でついに千両《せんりょう》の財産《ざいさん》を作《つく》った。

「先年頂《せんねんいただ》きました百両《ひゃくりょう》で、千両《せんりょう》の資本《しほん》を作《つく》りました」

亦右衛門《またえもん》は帰《かえ》ってお礼《れい》の挨拶《あいさつ》をした。

主人《しゅじん》は彼《かれ》の商才《しょうさい》に感心《かんしん》して、

「才能《さいのう》のある人間《にんげん》だと見込《みこ》んではいたが、驚《おどろ》いた奴《やつ》だ。今度《こんど》はその千両《せんりょう》で一《いち》万両作《まんりょうつく》ってみないか」

と激励《げきれい》した。

五《ご》、六年《ろくねん》して亦右衛門《またえもん》は、言《い》われたように一万両《いちまんりょう》にして帰《かえ》ってきた。

主人《しゅじん》は驚嘆《きょうたん》して今度《こんど》は十万両《じゅうまんりょう》にせよと言《い》ったので、三年後《さんねんご》にそれも成《な》し遂《と》げた。

ますます欲《よく》が深《ふか》まってきた主人《しゅじん》は、さらにそれで百万両儲《ひゃくまんりょうもう》けて帰《かえ》れと命《めい》じた。

この時《とき》、亦右衛門《またえもん》は、

「十万両《じゅうまんりょう》を百万両《ひゃくまんりょう》にするのは百両《ひゃくりょう》を一万両《いちまんりょう》にするよりも容易《たやす》いことですが、命《いのち》あっての金《かね》であります。どれだけあっても金《かね》は、これで十分《じゅうぶん》とは思《おも》えません。**人間《にんげん》の欲《よく》には限《かぎ》りがない。限《かぎ》りなき欲《よく》の奴隷《どれい》に私《わたし》はなりたくはありません**」。

きっぱりと主人《しゅじん》の要望《ようぼう》を断《ことわ》り仏門《ぶつもん》に入《はい》ったという。

知人《ちじん》が大病《たいびょう》で臥《ふ》していると聞《き》いたので、一人暮《ひとりぐ》らしの熟年《じゅくねん》の男《おとこ》を訪《たず》ねた。

「あなたの病気《びょうき》はずいぶん重《おも》いのだから、病院《びょういん》に入《はい》ったらどうですか」

と勧《すす》めると、

「私《わたし》には、そんなお金《かね》はありません」

と言《い》う。

「あなたは土地《とち》を持《も》っているじゃありませんか。あれを少《すこ》しばかり売《う》ったらお金《かね》はできるでしょう」

彼《かれ》は目《め》を丸《まる》くして、

「とんでもない。そんなことができるもんですか」。

「だってあなたは病気《びょうき》なんだから、いいじゃないですか」

「いやいや、これからの人生《じんせい》どんなことがやって来《く》るかわかりません。あれはまさかの時《とき》の物《もの》なんですから」

「今《いま》がその、まさかの時《とき》ではありませんか」

いくら言《い》っても聞《き》き入《い》れようとはしなかった。

彼《かれ》の訃《ふ》報《ほう》を聞《き》いたのは一週間後《いっしゅうかんご》のことである。

落《お》ちてゆく　奈落《ならく》の底《そこ》を　覗《のぞ》きみん

いかほど深《ふか》き　欲《よく》の穴《あな》ぞと

122

へそが身体《からだ》の真ん中にいるわけ

老人の存在意義と、嫌われないための心得

目《め》は見《み》る役《やく》、耳《みみ》は聞《き》き役《やく》、鼻《はな》はかぎ役《やく》、口《くち》は食《た》べ役《やく》、それぞれ大切《たいせつ》な役目《やくめ》を果《は》たしている。役《やく》もないのに身体《からだ》のド真《ま》ん中《なか》に座《すわ》っているのがへそである。

へその存在意義《そんざいいぎ》いかん。

犬《いぬ》や猫《ねこ》、クジラにはへそがあるが、鳥《とり》や魚《さかな》、カエルにはない。どうもへそは、お母《かあ》さんのおなかの中《なか》で、みんなが遊《あそ》んでいるときに栄養素《えいようそ》を吸収《きゅうしゅう》し、

独《ひと》り働《はたら》いてきた証《あかし》のようだ。

今《いま》はこれという役《やく》はないが、生《う》まれるまでに大変《たいへん》な役割《やくわり》を果《は》たしてきたのだ。へそがなかったら私《わたし》はなかったのである。

身体《からだ》の真《ま》ん中《なか》にいるのは、そのためであろう。

そのへそをいじくったり痛《いた》めたりすると、忽《たちま》ちおなかが痛《いた》くなる。

老人《ろうじん》は口《くち》は達者《たっしゃ》だが何《なに》もしない、と虐待《ぎゃくたい》する者《もの》がいる。そんな家庭《かてい》は腹痛《はらいた》を起《お》こし、やがて崩壊《ほうかい》する。

老人《ろうじん》は昔大《むかしおお》いに働《はたら》いたのだから、家《いえ》の真《ま》ん中《なか》に、へそのように安泰《あんたい》にしておかねばならぬ。

里芋《さといも》を作《つく》っていた地主《じぬし》が畑《はたけ》を見《み》にゆくと、親芋《おやいも》にさっぱり元気《げんき》がない。引《ひ》っ張《ぱ》ってみるとスポー、スポーと、みな抜《ぬ》けてくる。

どれもこれも子芋《こいも》を盗《と》って親芋《おやいも》を元《もと》の穴《あな》に入《い》れ、泥《どろ》をかけてあるだけではないか。

心《こころ》なき者《もの》の仕業《しわざ》である。

その上《うえ》、

「子《こ》はもらう。親《おや》をタノムぞ地主《じぬし》どの」。

愚弄《ぐろう》する立《た》て札《ふだ》まで立《た》てられている。

子芋《こいも》を欲《ほ》しいからこそ親芋《おやいも》を作《つく》っているのではないか。

シャクにさわった地主《じぬし》は、より大《おお》きな立《た》て札《ふだ》を立《た》て、

「親《おや》はやる。子《こ》は後継《あとつ》ぎに置《お》いてゆけ」

と書《か》いたという。

それほど嫌《きら》われている存在《そんざい》と老人《ろうじん》は自覚《じかく》して、あまりでしゃばらず若者《わかもの》にまかせて静《しず》かに見守《みまも》る役《やく》に徹《てっ》したい。

出《で》べそはみっともないといわれるではないか。

123

今日は、お奉行さまご多忙で、お調べがありません

遺産分配で争っていた兄弟

江戸時代《えどじだい》。親《おや》を亡《な》くした兄弟《きょうだい》が、遺産分配《いさんぶんぱい》の争《あらそ》いで奉行所《ぶぎょうしょ》に訴《うった》えた。

二人《ふたり》に呼《よ》び出《だ》しがかかったのは、厳冬《げんとう》の早朝《そうちょう》だった。

一間《ひとま》に入《い》れられているが、お互《たが》い物《もの》も言《い》わなければ見向《みむ》きもしない。火《ひ》の気《け》のない部屋《へや》の寒《さむ》さは身《み》を切《き》るようだ。

ところがどうしたことか、夜《よる》になってもなんの沙汰《さた》もない。

「寒《さむ》いのう。どうしたんだ」

「本当《ほんとう》になあ。いつまで待《ま》たしやがるのか。馬鹿《ばか》にするにもほどがある」

どちらからともなく話《はな》しかける。

「こんなはずではなかった。呼《よ》び出《だ》しがあるまで話《はな》そうや」

「うん」

「どうもオレが少《すこ》し強引《ごういん》だった」

と兄《あに》が言《い》う。

「そうでもないよ。弟《おとうと》の分際《ぶんざい》で欲深《よくふか》いことを言《い》ったからなぁ」

と反省《はんせい》の弁《べん》がでる。

「いや、できるだけやるまいと、欲張《よくば》ったオレが悪《わる》かったのだ」

「兄《にい》さんは親《おや》の面倒《めんどう》も看《み》てくれたのだから、多《おお》く取《と》るのは当然《とうぜん》だ。

少《すこ》しでも貰《もら》えたら喜《よろこ》ばねばならんオレなのに、妻《つま》が差《さ》し出口《でぐち》をしたばっかりに、オレもその気《き》になって、こんなケンカになっちゃって」

「いやオレの方《ほう》も〝やることはいらん〟と、妻《つま》がいらぬ口《くち》をたたくもんだから……。親《おや》が生《い》きていたら、どんなに悲《かな》しむだろうなあ」

「本当《ほんとう》にいままで仲良《なかよ》く暮《く》らしていたのに、どうしてこんなことになったのか。申《もう》し訳《わけ》ない。オレは何《なに》もいらないよ」

「いや、親心《おやごころ》を思《おも》えばおまえに半分《はんぶん》やるのが当《あ》たり前《まえ》だ。こんなことで争《あらそ》うのは、もうよそう」

「オレも賛成《さんせい》だ。そうしよう」

話《はなし》がまとまったとき廊下《ろうか》に足音《あしおと》がして、使《つか》いの者《もの》がこう伝《つた》えた。

「今日《きょう》はお奉行《ぶぎょう》さまご多忙《たぼう》で、お調《しら》べがありません。後日《ごじつ》、呼《よ》び出《だ》しのあるまでお待《ま》ちくださいい」

陰《かげ》から和解《わかい》を奉行《ぶぎょう》は待《ま》っていたのだ。

〈書〉

木村 泰山（きむら たいざん）

昭和16年、広島県生まれ。

法政大学卒業。書家。

日本書道振興協会常務理事、招待作家（実用細字部達人・かな部達人・詩書部達人。「達人」は、書道指導者の最高位）。

日本ペン習字研究会常任理事、全日本ペン書道展審査員。

元・読売書法展評議員。

《カラー写真》

◆扉/p.1◆
ヤマザクラの新芽

◆p.80/81◆
桜の花アップ（滋賀県）

◆p.160/161◆
雪頭ヶ岳より
雲海と朝焼けの富士山（山梨県）

◆p.224/225◆
鐘山の滝（山梨県）

◆p.288/289◆
冬に見える雲海（京都府）

提供：アマナイメージズ

装幀・デザイン　宮本 巴奈　　装画　黒澤 葵

〈著者略歴〉

高森 顕徹（たかもり けんてつ）

昭和４年、富山県生まれ。

龍谷大学卒業。

日本各地や海外で講演、執筆など。

著書『新版 光に向かって100の花束』

『光に向かって心地よい果実』

『歎異抄をひらく』

『歎異抄ってなんだろう』（監修）

『人生の目的』など多数。

新版

光に向かって123のこころのタネ

令和６年(2024) ９月25日　第１刷発行

令和６年(2024)11月８日　第２刷発行

著　者　高森 顕徹

発行所　株式会社 １万年堂出版

〒101-0052　東京都千代田区神田小川町2-4-20-5F

電話　03-3518-2126

FAX　03-3518-2127

https://www.10000nen.com/

印刷所　中央精版印刷株式会社

ISBN 978-4-86626-091-4 C0095

読めば、心が晴れわたる

新版
光に向かって100の花束

高森顕徹 著

前向きに生きる
ヒントがいっぱい！

◎定価1,650円（本体1,500円＋税10%）
四六判 上製　304ページ
ISBN978-4-86626-086-0

◀ こちらから
試し読みができます

古今東西の人物の、失敗談、成功談、心温まるエピソードから、元気がわくヒントを100選びました。
　1話3分で読める気軽さ。おもしろいだけでなく、ためになるエピソードが満載です。

大反響！
読者からのメッセージ

●岡山県　58歳・男性
　待望の書物に出会ったという感想です。自らを見つめ直すのに最高の贈り物でした。惜しむらくは、もう少し早く、出会いたかったです。表面的には豊かな生活を送っているが、大事な忘れ物を大人たちがしているように思います。

●岩手県　27歳・女性
　仕事、育児、何もかもに疲れ、投げやりになった時に出会った本でした。不平不満だらけの私の心も少し楽になり、前に進む勇気を頂いた気がします。ありがとうございました。

●千葉県　17歳・女子
　短い話が100も入っているのだから、毎晩一つずつ読んでいこうと思っていたのに、二日で読み終わってしまいました。ガーン!!　それだけ引き込まれ、素直に前向きになれました。心にグッときて、自分で自分の考え方を変えようという気にさせてくれました。いい本です!!

どんなに多くの人に囲まれていても、常に孤独でさびしいものが心の中にあります。まさに「無人の広野を、独りぼっちで歩いている旅人」が、私たちなのです。トルストイが衝撃を受けた「ブッダの寓話」を、カラーの墨絵を入れながら解説します。

大反響！
読者からのメッセージ

●兵庫県　76歳・男性

五十八年間、会社人間としてつづけ、気がつけば親も兄姉も他界し、真に話す相手もなく、人間関係も上手くいかず落ち込んでいた時、この本に出逢いました。また一歩から、幸福について自分をみつめ直すようになりました。ありがとうございます。

●山口県　68歳・女性

六十歳を過ぎた頃から人生の目的って何だろうと考えるようになり、この本を広告で見て、すぐに購入しました。やさしい言葉で書かれているけれど、すごく内容が深いと思いました。

●東京都　82歳・女性

私は一人暮らしで、この数年の間に兄弟、親友を亡くし、一人ぼっちで夜空を見ては、何で私だけ生きているのかと思う毎日でした。この本を読み、「一緒に居ても相手にされない淋しさ」もあると知り、自分だけではないと思いました。何回も読んでいます。心が救われます。

※次のような三部構成で、『歎異抄』の魅力を引き出しています。

第一部『歎異抄』の意訳

できるだけ原文の真意が伝わるように分かりやすい現代語訳を掲載しています。

第二部『歎異抄』の解説

これまであまり詳しく世に紹介されなかったり、大きな誤解を招いたりしている部分の解説を掲載しています。

第三部『歎異抄』の原文

『歎異抄』の原文を、すべて大きな文字で掲載しています。古今まれな名文を、声に出して読みたい時のテキストに最適です。

大反響！読者からのメッセージ

●鹿児島県　87歳・男性

「素晴らしい」の一言につきます。分かりやすく説明されていて、読みやすいですね。必ず「歎異抄は良い本です。読みなさいよ」と、六十年前、小学校教員当時の校長先生に言われていました。良い本に巡り会い、感謝の念で一杯です。ゆっくり味わいながら、今読んでいます。

●北海道　75歳・女性

『歎異抄』の解説書は三冊目ですが、今回の本はすべてが最高です！　上段に意訳、下段には原文が載っていて、字も大きく読みやすく、一気に読んでしまいました。ありがとうございます。

●東京都　99歳・女性

『歎異抄をひらく』を娘に買ってきてもらい、一息に読ませていただきました。その後、毎晩、就寝時に、ゆっくりと、心を入れて、何度も読ませていただいています。読後、心も身体もすっきりと洗われるようです。毎晩、スッキリした心で就寝しています。